THE
PRACTICAL
WORKING METHOD

超实用工作法

高效工作技巧

马秀云——著

中国法制出版社
CHINA LEGAL PUBLISHING HOUSE

前言

工作经过整理，人生才会轻松

“每天总会有堆积如山的工作，无论如何都做不完，怎么办？”

“真希望能准时下班，脱离加班生活！”

你是否也像这样，工作中总是充满了压力和抱怨？如何才能找到最适合自己的工作方式，不再每天被工作追着跑？当今时代，由于物资与信息的泛滥，价值观越来越多元化，其结果不但导致我们的工作充满压力，也让社会越来越复杂化，而工作中的你也会越来越觉得疲惫不堪。

现在，你要做的就是找到好的方法，并通过行动来提高工作效率，从而让工作变得简单、生活变得轻松。

工作不会自己变少、变简单，你得自己去整理它们！

本书为你提供了许多整理工作的小秘诀。这些小秘诀，有的是你不知道的，有的是你知道但是忽略的，还有的可能你曾经会不以为然。无论如何，请跟随我们一起去运用这些秘诀和方法，相信只要用过，你就一定会被它们带来的巨大变化所震惊，并由此爱上它们。

在“时间整理”这一章里，你会知晓时间运用的秘密。只做该做的事，精明地分配时间，坚守属于自己的时间哲学……这些技巧不仅会让你“每天多出 1 小时”，也会让你的时间更有意义，创造出更多的成绩。

在“效能整理”这一章里，你会知晓成为高效能人士的方法。你将完成从拖延症患者到“麻利小超人”、从工作混乱到充满节奏感、从照搬旧模式到发现工作新规律、从总是分神到工作专注等一系列转变。

在“工作整理”这一章里，你会学到许多工作小技巧，这些小技巧不仅会帮助你更轻松地管理自己的工作，从而使得工作更加有条理，而且会直接带给你各种便利，让你的工作更具成效。

在“人际整理”这一章里，你不是明白如何左右逢源，而是学会如何经营更有利于工作的社交网络。

在“思考整理”这一章里，你会像做了一次大脑的有氧运动，重新梳理思维不仅会让工作更加轻松、简单，也让工作的你更加快乐。

在“物品整理”这一章里，你会学到对繁杂的各种工作物品“断舍离”，从而获得最简捷有力的“后勤支持”。

在“信息整理”这一章里，你会知晓如何敏感地捕捉信息，对信息去芜存菁，并进行正确分析、正确决策。

全书包括 100 多个整理工作的技巧，它们将为你的工作带来翻天覆地的变化。从此你的人生将大不相同：

- 工作业绩显著提升，获得上司赏识；
- 日子变得更舒适，不用再每天像陀螺一样转个不停；
- 压力减少，告别亚健康，不再头痛、肩膀酸、小毛病一堆；
- 拥有更多的工作之外的时间，可以自由地做自己喜欢的事，和家人相处的时间也变得充裕；
- 想法变得乐观，任何事情都能泰然面对，整个人焕然一新。

只要切实地使用本书介绍的技巧，上面这些目标绝对可以实现。你不必再被工作追着跑，更充实的工作、更成熟的职场生涯就在未来等着你。

马秀云

2017 年 8 月

目录

CONTENTS

Part 2

效能整理：把握关键，工作从此焕然一新

Part 3

工作整理：不想累死自己，就要学会把工作变简单

Part 4

人际整理：搞定职场人际关系，从此不再吃闷亏

Part 5

思考整理：成为最睿智的上班族

Part 6

物品整理：工作空间必须井井有条

Part 1

时间整理：时间一样多，如何应付双倍工作

建立属于自己的时间哲学和规则：对时间整理而言，建立自己的时间哲学和规则是最重要的，其次才是技术。不懂得反问自己“这件事值得做吗？”，总是轻易被他人左右，时间早晚会将你抛弃。

不轻易改变时间计划：如果改变计划不能让你获得好处，那么这种改变就等于“损失”。如果你不懂得排除干扰，坚守时间哲学和规则，“时间小偷”就会乘虚而入。

精明地分配时间：一天只有24小时，要学会合理地给大事、小事、要事、琐事安排时间，把时间缝隙“填满”，让自己更充实。

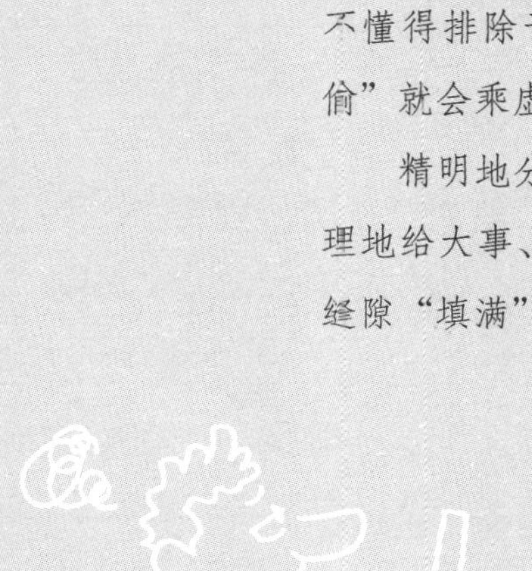

要么死守时间哲学，要么蹉跎人生

学会时间管理的技巧固然重要，不过我们最该做的是建立自己的时间哲学和规则，并坚守下去。

工作中，做事没有目标，明明是没什么意义的事却做得不亦乐乎；对时间没有计划，手边有什么事就做什么事，完全“随波逐流”，丝毫不考虑这样是否合理；明明打算好在某个时间段去做某事，却轻易地因为“有些累了”“不在状态”“还有时间，过会儿再做”等原因拖延，甚至放弃不做……这些都是缺乏时间哲学和规则的表现。

要想提高时间的利用率，在最短的时间内做出最大的成绩，就必须建立并坚守属于自己的时间哲学和规则。具体地说，我们可以从以下几方面去努力。

方面 1：确立目标

皮埃尔·居里说：“目标能促使自己像一个嗡嗡作响的陀螺一样急速地旋转起来，这样就再没有任何外物能够入侵干扰了。”没有无关的事来干扰，效率自然也就提高了。比如，如果确立了今天的工作目标——“今天一定要把业务部全部员工的工资核算好”，那么，为了完成这个目标，就会自然而然地将时间投注在这项工作中，即便有突发事件（如上司急需某报表），也能在处理完突发事件之后立刻回到原定的目标事务上来，而不会浪费时间。

方面 2：根据目标，制订计划

工作中，总会有大大小小烦琐的杂事缠绕着我们，如果没有计划，就容易丢东落西、顾此失彼，忙不出个所以然，时间都白费了。制订计划能够帮助我们分清主次、厘清先后，有条不紊地应付各种状况；能让我们把珍贵的时间都花在“刀刃”上，加快追求成功的步伐。

方面 3：不断检查时间的利用率

每天要想一想：过去的一天完成了什么任务？花了多少时间？时间利用率如何？效果怎样？有没有改进的办法？不断调整计划，让它日趋完善，才能够突破时间利用的“瓶颈”。

美国西屋电气公司[①]前任董事长兼总经理唐纳德·C. 伯纳姆提出了提高效率的三个“能不能”原则：

其一，能不能取消它？时间应该用在最关键的地方，“有所不为，而后有所为”，只有舍弃一些，才能得到一些。

---

① 世界著名的电工设备制造企业，世界 500 强企业。

其二，能不能把两件事情合并到一起来做？比如，整理文件的时候，能不能顺便把今天工作中需要用到的资料准备好呢？

其三，能不能代替它？同样要达到某种目的，可以用费时少的办法去代替费时多的办法。虽然二者殊途同归，但所耗费的时间成本是绝对不同的。比如，打电话和写信都可以达到互相交流的目的，但用打电话代替写信能够节约很多时间。

首先可以将一项大的工作分解成若干小的部分，其次对每个小部分问三个“能不能”，这样就能提高效率。

方面 4：防止拖拉

人都有惰性，很多时候只需要一个小小的不良因素，如来自他人的一次小小的打扰、一个小小的诱惑，又或者状态不是很好，就足以让人将手头的工作一拖再拖，让时间白白流逝。此时，我们不妨稍微“勉强”自己一下，在一开始的时候就强迫自己去行动。这种勉强不会太长久，只需 5 分钟，5 分钟之后，我们就会专注在工作之中，不再觉得勉强。

心理学家将这一战胜拖拉的法宝称为“5 分钟起飞法”。

方面 5：善于利用零碎时间

我们每个人每天都有大量的零碎时间，如坐公交车时、排队时，善于利用这些零碎的时间，积少成多、聚沙成塔，就很可能取得意想不到的成就。比如，利用坐公交车的时间阅读专业书籍，一段时间之后，技能就能得到提升，工作会更加轻松。

通过上面的方法，建立并坚守自己的时间哲学和规则，让它们能够在每天的工作中被付诸实践。

一旦建立起自己的时间哲学和规则，就不要轻易更改，否则只会让工作陷入混乱。

“工作中难免需要重新安排行程，但千万不能轻易改变预定的计划”，拥有这个意识非常重要。**如果变更不能让你获得好处，那么这种改变就等于“损失”。**要知道，很多时候，计划变更都是损失宝贵时间、造成工作混乱的起因。

一定要学会不轻易被他人左右，无论是同事还是领导。如果你不懂得排除干扰，“时间小偷”就会乘虚而入。

领导：“明天上午的会议改到下午进行，没问题吧？”

尽管心里担心着答应客户在下午回复的事情，你却没有提出反对意见，“您是有其他安排吗？”

领导：“对啊，明天上午我想找总经理谈谈。”

你：“哦，那就改下午吧。”

因为领导的一句话，时间计划就更改了。其后会产生怎样的影响呢？时间计划完全被打乱，需要重新调整，否则就会一乱到底。还多出了很多麻烦事儿——要如何向客户解释呢？怎样才能消除客户心里的疙瘩呢？

这个时候，如果你能鼓起勇气对领导说“我已经和客户说好今天下午会联络他们，如果要开会的话，就要改时间，这好像有些不太好”，情况就可能会大不一样，你有很大可能得到领导的理解和支持——“哦，我知道了，那会议还是明天上午进行吧，我再找其他时间和总经理谈”。更重要的是，这样能够给他人留下你不会轻易更改自己计划的印象，对坚守自己的时间哲学和规则十分有利。

△别被他人左右而轻易变更计划

总的来说，拥有并坚守属于自己的时间哲学和规则，其实并不那么困难，只要你拿出勇气和毅力，就能够从中得到无尽的好处。

你怎样对待时间，时间就怎样回报你

如何管理时间，等于如何安排人生。你怎样对待时间，时间就怎样回报你。

时间是最公平的，人人在它面前都是平等的。无论工作能力好坏、人生顺遂与否，时间给每个人的都是每天 24 小时，没有区别。然而，如何使用这 24 小时，却会让结果产生令人惊叹的差异。

工作中，总有人该做的时候不做，想要挽回的时候却已经来不及。举个例子，很多人都有这样的经历：考取职业资格证书，本来应该提前几个月开始准备，可是总想着“还有好几个月呢”，结果本该用来学习、准备考试的时间都用来上网、逛街、聚会了，等到临考才发现该看的书都还没有看。于是，职业资格证书拿不到手，晋升、加薪也成了别人的事。恣意浪费时间，最后便会一事无成。

对时间尊重一些，别总是对时间爽约，时间才会成就你。

当然，还有一部分人对时间足够尊重，每一分钟都用来工作、处理事务，仿佛一直在奔跑努力，却怎么也到不了目的地。这并不是时间“不公平”，而是很可能在过程中你自己有所偏离。换句话说，与其抱怨时间不够用，抱怨花了时间却没有取得效果，不如反思一下自己是否将时间都花在值得的事情上了。有多少时间在自己的手上发挥了价值？是否把许多时间都耗费在自己不擅长的事情上了？

工作中，你时常会偏离工作核心，把时间浪费在既不擅长又缺乏意义的事务上。可以说这是一种普遍现象。就像你明明是一名平面设计师，却花费许多时间处理计算机系统问题；明明是一名税务管理师，却总是将时间埋没在各种报表、文件里；明明更善于与中老年客户打交道，却非要"杠上"年轻客户，不拿下他们誓不罢休……

试想一下，如果你能够真正专注于工作最核心的部分，不就能在有限的时间里做更多的事情，取得更多的成绩了吗？**你让时间变得更有价值，时间也会让你的人生变得更有价值！**

那么，要如何做才能改变现状，让时间发挥出更大的价值呢？

一般来说，**一周内要处理的所有工作可以分为三个部分——勉强、尚可、精通。**"勉强"是指那些就你的能力而言做起来有些勉强，又或者做起来简直就是一种煎熬的工作；"尚可"是指在你能力范围之内，但你并不是特别享受，或者说你还可以做得更好些的工作；"精通"是指你擅长且享受，而且能完成得出色的工作。

显然，将时间分配给自己精通的工作时，时间会发挥出更大的价值。遗憾的是，对于一周 40 小时的工作时间，你的分配现况通常是如下图所示的：

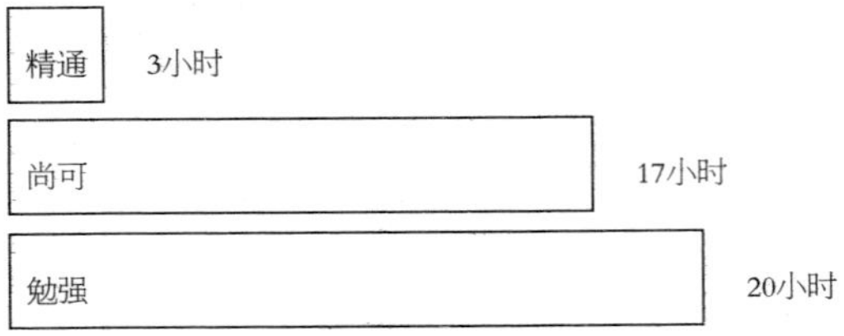

△时间分配图

而现在，你需要做的是尽可能地将“尚可”“勉强”向“精通”转变。

首先，根据工作计划表，将一周的工作进行分类，把具体事务分别归属到“勉强”“尚可”“精通”之下。

其次，查看一下“精通”下面的各项事务，并问自己是否还能添加更多的事务到这一领域中——你能够从上司或同事手上接过更多自己精通的工作吗？如果答案是肯定的，而你也有足够的精力，那么就果断地扩展“精通”领域吧！

再次，对你“尚可”的部分进行思考，问自己是否愿意将“尚可”的工作变成自己“精通”的工作。比如，制作PPT文档是属于你“尚可”部分的事务，那么问问自己是否愿意提升这项技能，让它变成自己精通的事；又或者更愿意放弃它，以便挪出更多的时间给“精通”部分的事务。你完全可以从“尚可”部分找出几项你需要做得更好的事务，并有针对性地参加一些培训、进行一些阅读，又或者向他人请教，以便使自己做得更好，将这些事务提升到“精通”的领域中。

最后，处理“勉强”的部分，这部分包含的事务不仅是你不喜欢做的，而且还耗费了你大量的时间。是时候采取措施杜绝这些吃力不讨好的工作了——对于这个部分中的每一项事务，你要问的第一个问题是“为什么要做它”，第二个问题是“如果我不做它将会发生什么”，如果你得到的最后结论是这项事务其实没什么必要，又或者与其他人的工作重复了，那就赶紧将它丢弃吧！当然，在真正将这些事务丢弃之前，你需要考虑一下“如果停止做这些事情，会产生怎样的影响呢？”然后以此为依据，确定这些事务的具体处理办法：或者与上司谈一谈从而将它们从自己的肩上卸掉，或者将它们委派出去。

实践了以上方法后，是不是发现你分配给最能产生效果、取得成绩的“精通”领域的事务不再少得可怜了，工作也顺心了很多？毕竟你能更多地去做自己喜欢而擅长的事情了，更重要的是，你可以满心欢喜地期待自己在事业上取得长足的进步了。

哈佛凌晨四点半的秘密

考试前夕，哈佛图书馆凌晨四点半时学子们埋头苦读的情景，为全世界津津乐道。从中固然能够看出哈佛学子是在付出了怎样的努力之后才取得了成绩，但这却不是哈佛凌晨四点半的全部秘密。在这背后，更重要的是时间管理的诀窍——神奇3小时。

“神奇3小时”的概念是由被人们称为时间管理大师的哈林·史密斯提出的。他鼓励人们自觉地早睡早起，每天早上5点起床，这样可以每天在起跑时就领先于别人，而**5～8点这一段时间就是神奇3小时**。利用这段时间，我们可以不受任何人和事的干扰，做一些自己想做的事。当然，神奇3小时的效果不可能在朝夕之间体现出来，需要持之以恒。

神奇3小时是对时间的策略性应用。无论我们是晚上10点睡觉、早上5点起床，还是午夜12点入睡、早上7点起床，都能够保证7~8小时的睡眠时间。但是提倡早睡早起、运用神奇3小时，却能够将晚上10点至午夜12点这段本应用来看电视、看报纸、娱乐、应酬的时间用来休息，然后再将早上5~8点这段本应用来睡眠的时间用来做一些更重要的事情。这样做除了让我们比别人早一步起跑以外，还能带来以下好处。

好处 1：畅享“心灵的宁静”

诺贝尔和平奖获得者特蕾莎修女曾说过：“生活在现代都市的人最缺乏的、最难得的就是‘心灵的平静’。”然而，在神奇 3 小时里，大地还没有醒来，我们往往可以捕捉到都市喧嚣忙乱背后的宁静。

好处 2：避免他人打扰

据统计，人们一般每 8 分钟会受到 1 次打扰，每小时大约 7 次，按每天工作 7~8 小时计算，即每天 50~60 次。平均每次打扰大约是 5 分钟，每天总共大约 4 小时。其中约 3 小时的打扰是没有意义或极少有价值的。同时，人被打扰后重拾原来的思路至少需要 3 分钟，每天就是 2.5 小时。也就是说，每天因打扰而产生的时间损失约为 5.5 小时，按 8 小时工作制算，这占了工作时间的 68.7%。

在神奇 3 小时里，我们被打扰的频率会大大降低。把这个时间段用来工作或学习，能有效地屏蔽来自外界的打扰，从而使我们能够全心全意地投入其中，取得比平时更好的效果。

好处 3：处理事务的黄金时段

经过一夜的休养生息，醒来后的这段时间是我们精力最充沛、思路最清晰、工作效率最高的时段，是我们处理事务的黄金时段。

好处 4：建立一个正面的“自我概念”

神奇 3 小时要求我们养成早睡早起的习惯，以确保第二天的精力充沛，精神好了，我们自然更加自信。此外，能否贯彻执行早睡早起的习惯，也是对自律能力的考验。

经济学家维尔弗雷多·帕累托发现，意大利 80% 的财富被 20% 的人拥有，由此提出了“80/20 法则”。“80/20 法则”揭示了功效的不平衡性。推广之，同样是 1 小时的努力，有的人能赚 1 万美元，有的人却只能赚 20 美元。这是为什么呢？答案是前者是高效率投入，而后者是低效率投入。因此，将“80/20 法则”应用于时间管理，我们得出的结论就是，我们投入时间，就一定要让时间被高效率地利用。而神奇 3 小时完全符合这项原则。

所谓时间管理，指的是对时间资源进行分配，让它发挥出最大的效用，进而让我们在最短的时间内获得成功。时间管理的高手们往往都把神奇 3 小时修炼成习惯。总而言之，我们要做时间的主人，就应该高效率地支配时间，这样，我们才能真正地掌握自己的命运，并且提高自己的生活和工作质量。

你要学会精明地分配时间

有一位时间管理大师做过一次这样的演讲：

他首先做了一个小实验：拿出一个4升的广口瓶放在他面前的桌上，并开始一块一块地往里面放拳头大小的石块，直到石块高出瓶口，再也放不下为止。他问："瓶子满了吗？"

所有的人都答道："满了。"

时间管理专家反问："真的？"接着，他从桌下拿出一桶砾石，把砾石继续往瓶子里加，砾石填满了大石块之间的空隙。直到砾石再也放不进去了，他又问："现在瓶子满了吗？"

这次，大家若有所悟地说："可能还没有。"

这位大师笑了笑，又伸手从桌下拿出一桶沙子，慢慢倒进玻璃瓶。然后，他又指着再也填不进沙子的瓶子问："满了吗？"

有的人说满了，有的人说没满。大师并没有说谁对谁错，只是拿过一个水壶，开始往瓶子里加水，直到水面与瓶口齐平。

接着，大师问道："那么，从这个实验中，我们可以领悟到什么呢？”

一个人发言说：“它告诉我们，无论你的时间表多么紧凑，如果你确实努力了，你就可以做更多的事！”

“不！”大师说，“那不是它真正的意思。这个实验是要告诉大家：如果你不是先放大石块，那你就再也不能把它放进瓶子里。那么，什么是你生命中的大石块呢？是与爱人共度的时光，还是你的信仰、教育、梦想？切记要把时间优先分配给这些‘大石块’！”

时间有限，我们一定要分清楚对自己来说什么是“大石块”，什么是“砾石”，什么是“沙子”，什么是“水”，把时间用到该用的、能为我们带来更多回报的事情上。

关于时间分配，一方面要优先将时间分配给那些重要、紧急的事情，另一方面也要善于利用剩下的零碎时间。关于如何才能将时间分配给那些真正重要、紧急的事情，我们在后面的篇幅中有详细讲解。下面我们先来看看如何更好地利用零碎时间。

可以利用零散的时间处理细小的环节，如看报纸、打电话等。时间可以“闲”下来，但是我们不要“空”下来。不要再以小时为单位计算时间，要以分钟为单位计算时间，这样我们才会将每一分钟都看在眼里，而不会将这些零星时间视作无用的“零布头”扫进垃圾堆。试想，一天几十分钟，一年就是上万分钟，如果用于工作，那么我们将比现在多收获多少？据统计，能自觉地运用零星时间的人只占 3%~5%。谁能成为这 3%~5% 中的一分子，谁就更能在工作中取得成绩。

懂得了零星时间的价值，还要学会巧妙地运用它，以达到“化零为整”的目的。以下几个技巧值得我们参考。

技巧 1：随身“三带”

在事件流程中，一件事情处理完毕和另一件事情开始处理中间总会有时间空隙，虽然这段时间很短，但是如果能随身带好笔、本、书（或报）这“三带”，我们便能够做很多事情。首先，我们可以见缝插针地学习，以便提升自己的工作技能；其次，我们还可以随时把一些新的想法记下来，这些新的想法很可能就是使我们做出杰出成绩的契机；最后，我们能够随时记录下总结、改良性方案等，这些对工作都非常有促进作用。

技巧 2：同步处理

有的事情比较简单，完全用不到多少精力，这时，我们就可以把两件甚至更多的事并列起来同步处理。比如，你大可一边喝咖啡以振作精神，一边关注报纸财经版的最新消息。

技巧 3：压缩支配

“压缩”，一方面指尽可能避免为那些可做可不做的事情消耗时间，另一方面指作息要有规律、要有节奏，这有利于我们更好地掌控时间。

人与人之间的差距会因为这些零散时间而被拉开，然后一点一点加大。因此，如果你不甘落于人后，就好好拾起这些散落的时间吧！

事项清单，你要列得靠谱一些

下面我们不妨来思考一下，自己能不能从“海绵”里重拾正在流逝的每分每秒呢?

你早已意识到时间是多么珍贵，为了在有限的时间里尽可能地做出成绩，你首先尝试着让自己的工作更有条理一些。于是，你列出了一串长长的“事项清单”，然后逐条照着去做。很快，你发现：

- 清单上的事情从来没有做完过，总是完成几件，马上又有几件新的冒出来。
- 自己常常为清单上的“事项”抓狂，“为什么我有这么多的事要做？”“到底要怎样才能做完这些事情？”“时间为什么不能再多一些？”……
- 很努力地按照清单行事，但是等到下班时才发现最重要的事情还没有做。

……

你觉得“事项清单”就是自己找来折磨自己的！你甚至开始怀疑这样做是不是对的！其实，如果你能让自己所列的“事项清单”靠谱一些，事情就会完全不一样。

19世纪末20世纪初，英国有一位名叫查尔斯·施瓦布的人，他非常富有。一天，一位年轻人来找他，对他说：“施瓦布先生，我有个方法能够为你节省许多时间。我相信，只要你去使用它，就能每天节省好几个小时的宝贵时间。我要把这个方法献给你，而我的要求是，你试用一个月，然后你判定它值多少钱，就支付给我多少钱。”

施瓦布先生答应了年轻人的要求。一个月后，施瓦布先生支付给年轻人10万英镑。

是不是很惊奇？富翁施瓦布先生竟然支付了10万英镑给年轻人！什么方法能够值10万英镑呢？

其实这个方法就是关于“事项清单”的。只不过年轻人的“事项清单”与你所列的不同。**这个简单而具有奇效的方法是，每天入睡前写下第二天你要做的5件最重要的事情。**

就这么简单？有这样的疑问其实很正常，不过只要你亲自去尝试一下，你就会发现它的妙不可言了。当然，在具体使用的过程中，你需要注意一些问题。

注意1：时间——每天入睡前

注意列写清单的时间，不是每天工作开始时，更不是每周一开始时，而是每天入睡前。通常来说，在入睡前思考并列出重要事项会作用于潜意识。在接下来你已经睡着的6~8小时里，你的大脑会潜意识地思考你所列出的事项，从而形成非常强大的力量，让你在真正开始做这些事情的时候事半功倍。

注意2：培养成为习惯

任何事情都不是一蹴而就的，都有一个累积的过程。你想要它发挥更大的力量，就要更长久地坚持下去，而坚持最好的方法就是把它变成习惯。一开始，你可能会觉得很不适应，只是列出5件最重要的事也要花上半个小时，但这并不是浪费时间，只要每天去做，很快就能养成列出最重要5件事的习惯，而且几分钟内就能完成。

注意3：用“写”开启承诺的力量

将5件最重要的事列在纸上是非常有效的做法。因为当你把它们写下来的时候，就像做出了某种承诺，承诺的力量会敦促你去完成它们。正所谓“好记性不如烂笔头”，把它们写下来，它们便会在你的大脑中留下更加深刻的痕迹。

注意4：5件就好，有些事不是越多越好

把事项写下来，是一种很有效的时间节省方法，但有一个问题，那就是如果事项太多，你会丧失做的动力，甚至连每天把它们写下来都很难做到。而“5件”事情，既能保证你对时间的利用率，又能避免丧失动力。

5件！不能再多。同时，只能是5件最重要的事情，不是5件最容易办到的事情，不是5件能最快办到的事情，也不是5件最紧急的事情，而是5件真正重要的事情。

注意5：未完成的事项"滚动"到第二天，尽力就好，别为难自己

在忙碌了一天过后，却发现"事项清单"上竟然还有2件（甚至3件）事情没有完成时，你是否感到灰心丧气呢？如果你只是盯着没有完成的事情，很容易就会陷入负面情绪中，没有信心，缺乏动力再坚持下去。其实你大可不必如此，反而应该将注意力放在已经完成的事情上——因为你已经完成了好几件重要的事情，也知道今晚清单上的第一项与第二项要列什么了，所以完全可以为自己鼓掌。

注意6：行动起来

任何事情都必须在行动以后才能取得效果。如果你只是列出它们而迟迟不采取行动，它们就没有任何意义。在"事项清单"上清楚地列出5件最重要的事情，这份清单将是你第二天行动的基础。

最后需要强调的是，千万不要觉得这个主意看起来简单所以没什么价值。事实上经过研究调查，专家们发现使用过这个方法后，80%以上的人的生活都得到了根本性的改变。

当然，写清单时，你难免要费力思考什么事情对你来说是真正重要的，这可能会让你感到头疼。不过通过下面的"'待办→必办'

事项清单”，你会更有条理也更轻松地找到真正重要的事。

<table>
<tr><th>待办</th><th>必办</th></tr>
<tr><td>处理企业邮箱中的电子邮件</td><td rowspan="4">与客户 M 联系，约定拜访时间</td></tr>
<tr><td>与客户 M 联系，约定拜访时间</td></tr>
<tr><td>参加产品研发会</td></tr>
<tr><td>确认下属工作进度</td></tr>
<tr><td>整理员工本月考勤情况</td><td rowspan="4">参加产品研发会</td></tr>
<tr><td>阅读公司的季度报表</td></tr>
<tr><td>……</td></tr>
<tr><td></td></tr>
<tr><td></td><td rowspan="4">……</td></tr>
<tr><td></td></tr>
<tr><td></td></tr>
<tr><td></td></tr>
</table>

当你制定了一个普通的待办事项清单后，选择其中 5 件最重要的事项写到另一侧“必办”栏目下，这很简单。

史蒂芬·柯维大师的重要事项确认方法

在从“待办”到“必办”的梳理过程中，如果你还不能确定哪些事项应列于“必办”清单之下，那么可以使用下面的象限图。

有“思想巨匠”“影响美国历史进程的25位人物之一”“人类潜能导师”之称的史蒂芬·柯维发明了一个简单的坐标系，来帮助人们确定（而不是感觉）那些真正重要的、需要优先处理的事情是什么。

首先，在写下了你觉得需要做的全部事项后，用几分钟的时间以满分“10分”、最低分“0分”为标准分别对事情的“重要性”和“紧迫性”进行打分，如下表所示。

待办事项清单

序号	事项	重要性	紧迫性
①	思考新的工作方法	9	3
②	整理资料	4	7
③	预演明天会议上的演讲	9	8

续表

序号	事项	重要性	紧迫性
④	上 QQ 查看好友动态	3	2
……	……	……	……

接着，建立一个坐标系，用来综合评定有限的时间最应该分配给哪些事情，建立的坐标系如下图所示。

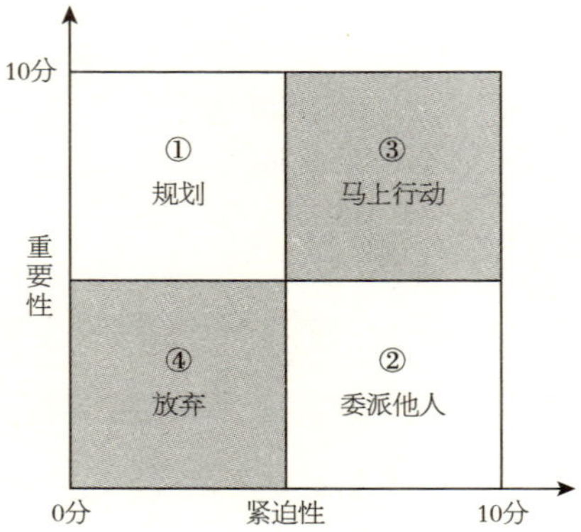

象限被分成了 4 个部分，隶属于不同部分的事项有不同的处理方法。接下来只需将事件按照“紧迫性”和“重要性”的得分放入象限中，就能轻松地从繁杂的事务中找到真正需要马上去做的“必办事项”。**一般来说，越是靠近右上方的事项，越应该列入“必办事项清单”，越应该马上行动起来。**

下面，我们先分别来看看各个部分的具体情况。

部分 1：马上行动——高重要性 + 高紧迫性

从上表中可以看出，事件③（预演明天会议上的演讲）就属于这一部分。

表面看来，属于这部分的事情非常容易处理，只需采取行动，果断利落地去完成就好。但实际上，很多人在面对这些事情的时候常常觉得压力很大、充满焦虑。你需要调整自我状态，以最好的状态投入其中去完成它们。

此外，如果有许多事项处于这一部分，那么你很有可能会抓狂，心里烦躁不安，即使行动起来也毫无章法。其实，你大可不必看到数量庞大的“必办事项”就失控，无论必办事项有多少，最后列入“必办事项清单”的、需要你在第二天立即采取行动的都不会超过5项，你只需要挑选出最靠近右上方的5件事项，列入清单并采取行动就可以了。当这些最需要去做的事情完成后，很多事情也会迎刃而解。你有限的时间被用在了“刀刃”上，发挥了最大的价值。

部分 2：委派他人——低重要性 + 高紧迫性

从上表中可以看出，事件②（整理资料）就属于这一部分。没错，整理资料是必需的，而且还挺紧急，但思考一下，真的需要你亲自去做吗？能不能委托他人来做呢？让助理来做不是也很好吗？

如果你的时间被这部分事项占据了相当大一部分，你就需要反思一下自己是否总是“逆来顺受”、不懂得拒绝了。当然，你更应该学习一下委派的技术，相关内容，我们在后面会有详细的讲解。

部分 3：放弃——低重要性 + 低紧迫性

从上表中可以看出，事件④（上 QQ 查看好友动态）就属于这一部分。无疑，这部分事件既不重要也不紧迫，实在没必要花时间在这上面。但事实上，很多人总是把大量的时间花在这上面。这是因为人们总是把这部分事项与“放松”等同起来。

其实，如果你听 15 分钟音乐，其间闭目养神，这算是利用音乐来放松。但是，在白天听一整天音乐，不停哼唱和摇摆身体，那就不是放松，而是懒惰了，而你要注意不要沦为懒惰的人。

部分 4：规划——高重要性 + 低紧迫性

从上表中可以看出，事件①（思考新的工作方法）就属于这一部分。这部分事项具有非常重要但不怎么紧迫的特点。对它们，你要学会规划，有计划地去做、去完成。否则，它们很快就会跑到“马上行动”部分，给你造成压力。

学会了史蒂芬·柯维大师的管理方法，现在的你是不是能很轻松地找到最重要、最紧迫的事情并列入“必办事项清单”了呢？更加清楚应该将时间分配在哪些事情上的你，在工作中也一定会有更加出色的表现！

时间就像海绵里的水，挤挤总会有

无论你愿意还是不愿意，每天都只有 24 小时。它不会因为你需要就变多，也不会因为你不需要就变少。我们所能做的就是尽可能有效地利用它。

很多时候，你以为自己没时间，其实时间就在那里，像海绵里的水，只是你看不到，需要挤一挤它才会出来。举个例子，你分别处理 A、B 两项工作，必须各花 1 小时；相对的，如果能够同时处理 A、B 两项工作，一共只需要 1 小时 30 分钟，那么，时间就会多出 30 分钟，时间利用率会提高 25%。

下面我们不妨来思考一下，看看自己能不能从“海绵”里汲取正在流逝的每分每秒。

- 早上醒来后，能不能把赖床的时间用来洗漱呢？
- 如果提早 30 分钟出门搭乘公交或地铁，你会发现车厢几乎没什么人，仿佛每天自己痛苦万分地在人挤人的车厢里奋战的事从来没有发生过，心情不自觉地好起来，可以惬意地利用搭乘公交或地铁的时间看看书或者想想今天的工作安排。

- 没有时间阅读、学习、提升自我，但如果午餐只花30分钟快速解决，是不是就会多出30分钟看书了呢？
- 操作电脑不怎么熟练，试着提升操作技巧，工作速度就会快起来，不是就有更多的时间去做其他事情了吗？
- 能不能用与同事闲聊的时间多打一个拜访客户的电话呢？

显然，只要你愿意，就能找到更多的时间。而更重要的是，你能够完成“挤”这个动作。**觉得“时间不够用”“赶不上进度，来不及了”“好忙好忙，要做的事总是太多”的人通常都有一个共同点——明明知道却改不掉。**明明知道赖床的时间可以用来做更有意义的事，明明知道少聊几句就不用加班，明明知道培训一下技能就能用更少的时间完成工作，却偏偏总是赖床，总是情不自禁地和同事聊得不亦乐乎，一直不去培训自己的技能。

你得督促自己去完成“挤”这个动作，否则就只能看着时间溜走。下面几个建议或许能够帮到你。

方法1：告诉身边的人你打算如何改变以拥有更多的时间

把自己想要做到的改变告诉身边的人。一方面，能够将自己想要改变的信息传达给身边的人，形成有利于改变的外部环境。举个例子，你告诉身边的人“今天我一定要好好工作，不再闲聊了”，那么当你工作时，身边的人就不会再找你说话，如果你主动发起话题，身边的人也很可能会给予你提醒：“不是说不闲聊，要好好工作吗？工作做完了？”另一方面，这能够增加自己将改变付诸实践的动力，你总不好意思食言吧！

方法2：订立时间安排日志，并逐项进行检查

根据自己的具体情况制作类似下表的时间安排日志，做到时在“完成情况”项画“√”，未做到时在“完成情况”项画“×”。随着“√”数量的增加，你对改变会越来越有信心，时间利用的情况也会越来越好。

时间安排日志

时间	安排	完成情况
6：00 ～ 6：20	起床，洗漱	√
6：20 ～ 6：50	吃早餐，确认工作计划	√
6：50 ～ 7：45	乘公交上班，阅读经济日报	×
……	……	……

值得注意的是，你的关注焦点要放在“√”上，也就是自己又做到了什么改变，这样才能产生更多的成就感，从而获得更多改变的动力。相反，如果你关注的是“×”，是自己又有多少没有做到，就容易产生挫败感，进而彻底放弃改变。

方法3：寻求外部支持

很多时候，人的意志力都不怎么靠得住。你要想凭借自己的毅力完成改变，很可能会失败，但如果能够寻得一些外部支持的话，改变的成功率就会大幅提升。举个例子，你习惯每天下班后和同事

去酒吧坐坐，现在你要做出改变——利用这个时间参加职业培训。如果是独自一人，你很可能坚持不了几天；相对的，如果你能够找一个同样有这个计划的人结伴而行，就不会那么容易放弃计划了。

当然，除了给自己找个同伴，你还可以请同事帮忙监督你。有了外部支持，改变会变得容易很多。

Part 2

效能整理：把握关键，工作从此焕然一新

掌握工作全貌：工作前先看“整体”，先想象出“工作完成的样子”，就能更有效地找出问题的解决方法，消除错误及损失，以最短路径达成最终目的。

将工作可视化：根据所想象的“工作完成的样子”列出工作清单，就能避免遗漏和重复，让工作更加简单、快捷。

从拖延症患者到“麻利小超人”：拖延只是因为还未开始，对自己“狠一点”，马上行动起来，然后获得“时间老人”所给予的奖赏，从中获得力量坚持下去，直到成为习惯。

丢掉包袱，找到感觉

爱因斯坦曾说："万事万物都应该尽可能简单，但不能过于简单。"在工作中也是这样，心中有包袱会带来压力、造成负担，工作效率也会随之降低。相反，如果能够让工作更简单一些，就更能找到工作的感觉，做起事来就会更专注、顺畅，效率更高，甚至更快乐。

换言之，提升工作效率的第一步是从整理自我心态开始——丢掉心中的 9 个包袱，工作效率便会逐步提高。

包袱 1：完美主义——执着于完美，只会让工作陷入停滞和混乱

"在没有拟订完美计划或做好完美准备之前，绝不贸然行动。"这或许就是你的工作准则。又或者，只要是自己负责的工作，你就尽可能将每个细节都做到完美，为此你常常回过头来调整那些已经完成的事务，一次、两次，甚至更多次。然而，这样真的好吗？你或许已经发现了，**执着于完美计划和完美准备让你的工作时常陷入**

停滞状态，执着于完美的工作细节让你的工作越来越混乱。

其实，无论是工作还是人生，根本就不存在什么完美的计划、周全的准备，又或者无可挑剔的工作表现。无论计划得怎样完美，准备得如何周全，在事情的发展过程中总会有一二分的出人意料。即便此刻你无比满意自己的工作表现，之后回过头来看也一定有不满意的地方。既然如此，为什么要过于执着完美呢？舍弃完美主义，避免工作陷入停滞、混乱，这样不是更好吗？

包袱 2：好人意识——为什么让别人的猴子跳上你的肩膀？

职场上有一种人，为了获得良好的人缘，总是伸出援助之手，将别人的工作揽上身。久而久之，谁有什么忙不过来的工作都喜欢找这类人，而他们即便心中不满、不甘愿，也会咬牙扛下工作。而这样做的直接后果就是让他们自己充满压力，自己的工作也不能得到很好的完成。**虽然身在职场与人为善是必需的，但总是为“别人”工作，只会让自己迷失。**

这种怀有“好人意识”的人大都缺乏自信，所以才想要通过揽下他人的工作来讨好别人。然而，这样做并不一定能获得他人的好感，却一定会导致工作效率降低。因此，请告诉自己：“虽然与他人建立良好的关系是必需的，但靠的是我的人格魅力，而不是替他人工作。”

包袱 3：拖延——工作一到手，第一时间去完成

工作到手后，不是第一时间去完成，而是习惯拖延，总是在被

截止期限逼得没有办法了的时候才急忙去做，最终只能草草交差。试问这样如何能够做出成绩呢？

那些工作效率卓著的人，通常都是在工作到手的第一时间就着手去做，并尽快完成。这样一方面能够给自己充分的时间去思考、查缺补漏，尽可能地做得更完美一些；另一方面有条有理，不急不忙，自己做起工作来也会更轻松一些。

因此，**工作一到手，就请告诉自己“绝不拖延，马上完成”，这样工作会更轻松、更顺利地步上轨道。**

包袱 4：过度不安与担心——乐观思考，想太多对工作没帮助

工作中时常面临挑战，很多事情都不是那么有把握会成功。此时，很多人都会陷入焦虑不安中，担心这，担心那。然而，往往是心里越担心什么，事态越会朝着这个方向发展，这几乎成了一个定律。相反，如果抱着“努力去做就好，船到桥头自然直”的心态，事情反而会发展得很顺利。比如，要出席一个重要会议，总是担心自己会表现不好——“可能不会成功”“恐怕会出岔子吧”，这样的心情往往会反映在自己的表现上——眼神缺乏自信，说话声音小，语调慌乱，等等。如此一来，所担心的事就变成了现实。

与其如此，不如**乐观地去想，告诉自己“没问题，一切都会顺利”**。当然，尽可能地准备好，尽可能切实地去做好，这也是必需的。

包袱 5：缺乏计划性——就算你不是会计，也要学会计算、规划

凡事做个大概就好的人，虽然看起来很有大人物的风范——不拘小节，但实际上，这样的人做起事来大都“走一步，算一步”，很容易造成错误、损失或不必要的时间精力和其他资源的浪费。请记住，**计划和时间表是顺利的保障，能够让我们用最快的速度达到目的。**

包袱 6：只依靠自己的努力——要善用团队的力量完成目标

自己努力固然重要，但如果只依靠自己的努力，往往对事情并没有帮助。工作中，绝大多数事情都不是完全独立存在的，总是与其他的一些事或人有联系，因此，并不是只要自己努力就可以的。**努力固然重要，但千万不能“单打独斗”。**

如果你是只懂得埋头苦干的人，请提醒自己：“为什么我总是要扛起全部工作，而不懂得善用周围的人？”

包袱 7：急性子——做太快，只是做白工

在还未了解清楚全盘情况时就匆忙下结论，开始行动，然后各种状况频出，不是会错了领导的意思，就是被没有预计到的情况弄得手忙脚乱。并且，性子急的人往往不善于控制自己的情绪，很容易陷入愤怒、焦虑、自暴自弃等负面情绪中，一旦陷入这些情绪中，

想在工作中做出成绩就是异想天开了。

因此，**一定要耐得住性子。要知道，心急吃不了热豆腐。**

包袱8：杂物——立刻整理你的办公桌和抽屉

杂物太多，无论是办公桌上、抽屉里，还是计算机里，需要用时都要花一番工夫来寻找，这在很大程度上降低了一个人的工作效率。因此请先查看办公桌上、抽屉里，不需要或不急用的东西是不是多到溢出来了？再检查电脑里，是否也塞满了不需要的资料？请务必下狠心将无用的东西丢掉，将不常用的东西置于箱底，将有用的东西分门别类地放好。很简单的整理工作，却会让工作效率迅速提升。

包袱9：沉溺于过去——别一直活在过去

沉醉于过去的成功，只会让人失足；感叹过去的失败，会让你不是觉得自己低人一等，就是做太多无谓的努力。**过去的事已经过去，没有所谓的好与坏，若不抱着重新开始的单纯心态，工作就无法取得进展。**唯有专注于现在，才是简化工作、高效工作的真正秘诀。

每天上班的第一件事，描绘工作完成时的样子

园艺师在修剪花木之前，总会先退到远处，从整体上看一看，然后再决定要修剪什么地方，如何去修剪，而不是上来就对着某一处精心修剪。之所以这样做，是为了保证整体的和谐感，避免整体看起来歪七扭八，只有某一处很美。

工作也是同样的道理。**如果能够预先描绘出工作完成时的样子，就能够以更简单的方式、更短的路径达成目标。**

如果要列举出当下最热门的数码产品，苹果 iPhone、iPod、iMac 绝对榜上有名，而这些产品全部都出自苹果公司的创始人乔布斯之手，并且是在短短数年之间。

那么，乔布斯为什么能够推出如此成功的产品呢？在研发产品时，乔布斯并不是单纯地在热卖商品上增添附加值而已，他在研发之前就已经想象到了产品做出来是什么样的——“我想把电脑塞进塑料盒子里”“我想要做出彩色半透明的计算机”“我想把音乐放进口袋里带走”“我不希望音乐播放器的完美外观因为丑陋的变压器

而毁于一旦”……

不愧是乔布斯，在工作上很有自己的一套——先想象产品成型后的样子，再思考如何才能实现其种种美妙之处。如此一来，思考就不会有误差，该做的事也会变得明确而简单。

遗憾的是，工作中大多数人都不是像乔布斯那样去做的，他们在工作开始前不会想象工作完成时的样子，只是简单地从“起点”到“终点”。由于他们完全不知道自己要做成什么样子，所以在这个过程中会做许多无用功，甚至走错路，等到发现时再折回来重新做，如此让工作变得更复杂，也徒增了许多错误和损失。

就像挑战拼图，如果完全不知道拼成以后是什么样子，只是一块一块地拼凑，需要做很多尝试、绕很多弯路才能找到正确的位置。相反，如果知道拼成后的样子，就能够快速而准确地找到正确的位置。

为了避免可能出现的错误和损失，为了尽可能更快、更好地完成工作，请务必在每天开始上班时就想象工作完成时的样子。比如，你今天要去拜访一位很重要的客户，那么不妨想象拜访之后会取得哪些结果，如此一来，你会更加明白应该如何准备、如何表现、如何沟通。

可视化：把工作当做菜，先列材料再加工

如果你并不是烹饪高手，却想要做出一道香辣可口的辣子鸡丁，你会怎么做呢？

首先，你会根据要做的菜肴进行准备：鸡胸肉 250 克、大葱 3 根、干辣椒 4 个、干淀粉 30 克、白胡椒粉 5 克、姜 5 克、盐 5 克……

其次，你会按照菜谱上的步骤，一步一步来做：第一步，把鸡胸肉清洗干净，沥干水分后切成 1 厘米见方的丁，用干淀粉、嫩肉粉、盐、白胡椒粉、姜末、油（1 汤匙，15 毫升）抓拌均匀，腌制 20 分钟；第二步，大葱切成和肉丁大小相等的段，干辣椒也用剪刀剪成等长的段……

最后，做出来的辣子鸡丁，即便不能与大厨比肩，也一定香辣可口。

△像厨师按照菜谱做菜一样地做工作，不擅长的工作也能顺利完成

同样的，**工作中的我们也可以使用“菜单”，通过对照清单进行准备、按照步骤采取行动来实现工作效率的提升，达到自己想要的工作效果**，这是高效率工作不可缺少的技巧。就像做菜只要少了一种材料味道就会差很多一样，工作如果准备不到位，又或者忽略了某些步骤，结果势必会与预期相差甚远。

举个例子，你将与客户就已经设计出的平面方案进行洽谈以便改进方案，理想的结果是客户给出了许多中肯的意见，而这就需要我们能够将这些意见一一记录下来。但我们常常只记得带上设计方案，却忘记带笔记本和笔，从而导致收集信息不够全面，给接下来的工作平添麻烦。相反，如果能够带上笔记本列出清单，工作就会进行得更加顺利。

而列出步骤也能够保证工作沿着正确轨迹进行。比如，我们列出洽谈步骤——“第一步，向客户问好，营造洽谈氛围。第二步，分别为客户介绍几个备选方案的创意和特点。第三步，征询客户的意见……”有了这样的清单，一能避免因为紧张而忘记向客户问好，以免给客户留下不好的印象，影响接下来的洽谈；二能防止因为疏忽而没有营造出有利于洽谈的氛围，使客户给出建议时有所保留。

描绘出工作“完成时的样子”，然后据此列出实际需要做出的准备以及采取的步骤，就能在很大程度上保证工作的成果。那么，应该如何列出清单呢？下面我们给出了一个范例，以供大家参考。

拜访客户前需要做的工作

日期：		拜访目标：	姓名：　　　　直属领导：
顺序编号	考评结果	工作步骤	备注
1	□	确认服装仪容	服装、姿势、姿态、身体气味
2	□	根据拜访目的，准备相关物品	比如，首次拜访客户，主要目的是向客户介绍产品，那么样品或产品说明以及产品使用反馈等就需要准备好；即使是首次，也不排除客户有签约的可能，那么合同也需要准备好……
3	□	确认拜访客户的人数	在拜访客户表上填入时间、对象、职称、人数、地点和目的，确认相关的物品份数
4	□	掌握客户的资讯	确认客户相关信息的完整性和准确性
5	□	确认拜访对象	确认拜访对象的职称和姓名（填入预定拜访清单）
6	□	准备提案以外的闲聊话题	外出拜访客户前确认闲聊话题。在拜访客户前先想好有关天气或时事等闲话家常的话题
7	□	拜访客户前的问候准备	根据客户的不同个人情况，想好最佳的问候语以及前5分钟应该如何去说
8	□	确认约定的时间	最晚必须在彼此约定时间的5～10分钟前抵达会面地点
9	□	确认名片的张数	准备足够的名片以便开发新客户
10	□	确认约定会面地点的位置	如果与客户公司距离较近，事先确认自己公司相对于客户公司的位置和距离；如果距离较远，则利用网络地图确认距离
11	□	向领导报备自己的日程	比如，去哪里拜访什么客户以及返回公司的时间等
……	□	……	……

列出清单就能够保证准备齐全，有效避免遗漏和重复，也能更简单有效地进行工作。管理大师们通常将像上面这样列出工作所需的准备和步骤称为“工作可视化”。**工作可视化，是让工作变得简洁、明快的关键。**

向身旁的人请教，不要一味埋头苦干

首次登山，预先做了充分的信息收集，知道山顶的温度相对较低、风大，所以人们往往会穿上一层又一层的衣服，毛衣、绒衣、羽绒衣……然而，登山时却大汗淋漓，再加上山顶冷风一吹就感冒了。

而那些有经验的登山者，通常会准备好几件薄厚不一的衣服，随时增减。他们根据自己的体感温度来更换衣服，觉得冷就穿上，觉得热就脱掉。他们不厌其烦地穿穿脱脱以管理体温，从而有效避免感染风寒。

其实，作为登山初学者，只要向有经验的登山者询问一下需要做哪些准备、有什么注意事项，就完全能够避免感冒。遗憾的是，很多登山初学者都忽略了“请教”的重要性，一味地自己埋头苦干。

一知半解会吃大亏。这个道理无论是对于登山还是工作，都是一样的。

Y先生是一名颇有经验的广告设计师，他从一个休病假的同事手上新接手了一位客户。他信心满满地设计出方案呈交给客户，但客户并不满意。后来，他又陆续提交了好几次方案，但客户每次都有不满意的地方，来来回回折腾了两个月，总算是得到了客户的首肯。

工作告一段落，Y 先生进行总结时发现，这次合作之所以波折重重，很大程度上是由于自己不了解客户的喜好。如果能够事先了解客户喜欢什么风格、什么颜色、什么字体，完全不用来回折腾两个月之久，两周甚至更短的时间就已足够。

倘若 Y 先生在开始设计工作之前，能够向休病假的同事请教一下客户的喜好和忌讳，工作一定会顺利许多。

学会向各路高手请教，分门偷师，工作就能在最短的时间里有让人惊喜的进展。

W 先生在进入公司的第三年，被调到全公司最严格的销售部门，做他最不擅长的销售工作。这个突如其来的人事变动让 W 先生认真了起来，他一面思考如何去做，一面观察周围的环境，寻找身边的高手。结果不到一周，他就找到各个领域可以效仿的对象了：

A 小姐的强项是电话约访；

要向 B 先生学习制作企划书；

销售说话术要向 C 先生学习；

客户回访要模仿 D 先生；

客户投诉处理要向 E 小姐看齐；

F先生在收款方面很有一套……

通过向这些高手们学习，W先生每天都有所收获，能力也有所提升——“原来可以用这种话题来打破尴尬”“哇，还有这种促成交易的方法”“原来这样介绍产品更得客户欢心”。就这样，很快他就在销售部门做得有声有色。

像W先生一样找到各种高手并进行学习，就能快速提升自我的工作效能。**快速提升工作效能的关键是你能掌握多少工作诀窍，而学会工作诀窍的速度取决于你找到优良范本的速度，而这些“不同领域”的“高手”就是最佳的工作范本。**

当然，范本也不只限于前辈或主管。只要在工作技巧方面优于我们的，都是我们请教的对象，哪怕那个人是后辈或下属。

找到工作新规律，效率立刻三级跳

日常工作中，在同一时间进行同样的工作时，会工作的人动作很快，往往上午就完成了，而不会工作的人却只能完成 1/3 甚至更少，这种情况非常普遍。

有人说，这是因为“慢工出细活”。可是，动作慢的人难道仅仅因为花了更多的时间，失误和做白工的情况就更少吗？只要细心观察一下就会发现，事实上，失误和做白工的情况一点也不会因为花费的时间更长就有所减少。**反而是工作速度快的人，失误和做白工的情况相对较少。**

也就是说，会工作的人不仅速度快，而且失误率低；相反，不会工作的人不仅速度慢，而且失误率高。那么，这其中的差异是由什么造成的呢？

会工作的人会思考“怎么做才更快、更好”，而不是别人怎么说自己就怎么做。也就是说，**工作能力强的人更善于思考，因而与一般人相比，更容易发现工作过程中的规律，更容易抓到重点。**

例如，你是公司的前台，每天都会收到很多邮件，分拣邮件时你会怎么做呢？按照顺序平均分配空间？如果你是这样做的，很快你为某个部门的邮件分配的空间就会不够用了，要重新调整空间；又或者某个部门的邮件太多，而为它们分配的空间离你太远，来来回回太费事了。

当这些问题出现时，你是继续按部就班地做，想着“麻烦就麻烦点儿吧”，还是思考其中的规律，从而找到更好的工作方法呢？如果你善于思考，你就会发现业务部、广告部等部门的邮件数量要远远多于后勤部、财务部等部门。如果一开始就把为业务部、广告部等部门的邮件分配的空间安排得大一些、离自己更近一些，分配邮件的工作做起来就会有效率得多。

简单地说，在工作中，你随时可能发现各种各样的问题，这时千万不要因为前辈告诉你做或者大家都是这样做的就放弃思考，而要仔细想一想有没有什么方法可以解决这些问题，让自己可以做得更快一些、更好一些。如此一来，你就能够进入如下图所示的良性工作循环中。

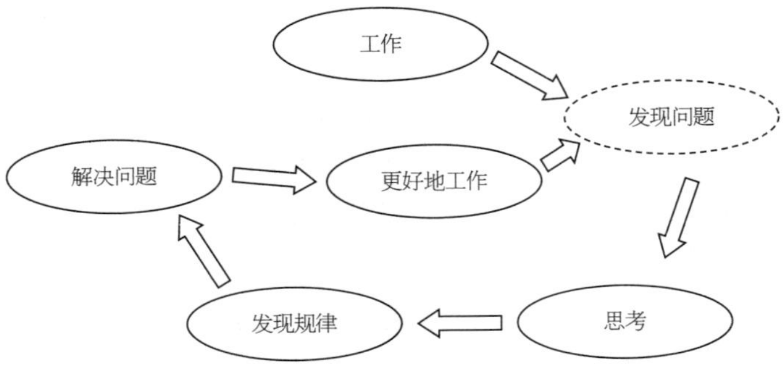

一旦进入如图所示的良性循环中，工作能力就会不断提升。在这个过程中，重点是“发现规律”，而“思考”则是发现规律的途径和关键。当然，思考并非一定要等到问题出现以后，如果能够在开始工作时就进行思考，那当然更好了。只不过这对于缺少工作经验的人来说，并不是那么容易的。

总之，只要在工作中学会思考，学会“发现规律”“抓重点”，就不会再每天加班了。

能力强的人会自己找到工作的节奏感

什么是工作的“节奏感”呢？拥有了节奏感会是怎样的一种工作状态呢？

工作中，每天都会有大量的事务需要处理——计划内的、计划外的、意料中的、突发的。举例来说，从事产品包装设计的设计师，每天除了主要工作——为客户的产品设计包装之外，肯定还有各种各样与工作相关的事务需要处理。比如，新客户打电话来进行沟通，老客户打电话来说有不满意的地方，与印厂协商色彩的选择和印刷事宜，填写后勤部或财务部需要的表格，将手稿扫描进电脑，等等。

A刚来公司就赶紧打开电脑开始设计方案，刚进入状态，电话响了，客户询问什么时候能够看到印刷样品。于是A赶快放下正在设计的活儿，联系印刷厂，得到答复以后又赶紧给客户回电话。刚坐到椅子上准备继续设计，客户又打电话来说设计费用与设计方案不怎么匹配。A好一通劝说，又保证一定尽快出方案，心里更是着急，越着急设计的进程就越慢。最让人讨厌的是，财务部还来核实部门业绩，刚好领导不在，就来询问A了……

这样的工作状况完全是一团混乱，一点节奏都没有。有节奏的工作状况应该是：设计方案是主要工作，大部分时间和精力都应该用来做这个；客户打电话询问印刷样品出来的时间，应把印刷厂电话告诉他，便于他随时了解进度；客户嫌设计费用高，可以让他直接找业务部沟通；财务部核实部门业绩，完全不是自己应该管的事情，直接说一句“不清楚”就可以了……

简单地说，面对繁杂的工作，应准确把握什么工作是自己必须经手的，什么工作是可以请他人帮忙、辅助或配合的，什么工作是不应该自己揽上身的，并且采取对应的策略，从而保证将时间和精力投入核心的工作事务上，这就是工作的“节奏感”。

工作上，“以小搏大”的节奏感尤其重要。**节奏感是让工作更简单、更有效率的最不可或缺的重要手段之一。**工作能力差的人不懂得区分轻重缓急，只会将所有事混为一谈，到头来花费更多时间也就算了，更糟糕的是根本毫无成果。那么，怎么做才能让工作更有节奏感呢？

工作依内容可以分为3种。

1. 自己该做的工作——不能交给别人，必须亲力完成的工作

假使你是一名业务员，和重要客户的交涉就不能交给后勤人

员，一定要亲自出马。若想凭个人本事成功与客户签约，就绝不能把机会拱手让人。总归一句话，这种类型的工作就是你要自己当主角、亲手去做的工作。

2. 可以交给别人的工作——不必自己做，可分派给其他部门的工作

工作能力越强的人，越懂得利用“他人的力量”。“这个工作就交给A吧”“这个交给B好了”，你可以这样切分工作，或是做出判断——“这个就跟C公司合作吧”，利用外在资源。

学生时代应付考试，或许只能凭个人努力，但在职场上如果想成功，想把工作完美呈现，只靠单打独斗是不够的。很多时候，必须靠团队集思广益、分工合作，才能得到成果。

3. 做不得的工作——不用立刻处理，可以往后延的工作

如果有要务在身，却被这些杂事缠身，那可就本末倒置了。如果主管把这种类型的工作交给你，你必须立刻与他进行沟通。

“现在我手上有A工作，要优先处理这个B工作吗？”

“我知道了。你就继续做A工作，我会把B工作交给别人。”

对工作“逆来顺受”是不对的，因为领导不会知道你手上有多少工作，所以你必须把正确信息告诉领导，让他来做判断。

你不是超人，没必要事事亲力亲为

如果你工作颇有效率，如果你绝大多数时候都能交出令人满意的工作成果，那么你一定会被各种工作接二连三地找上门。这让你骄傲，但同时也让你苦恼，你恨不得多长出几只手来。

更严重的是，倘若此时有能让你大展拳脚的工作，你也只能眼睁睁地看着，谁让你分身乏术呢？**不懂得在工作中永远要空出一只手，做到游刃有余的人，就只能眼睁睁地看着机会溜走。**

无论你的工作能力有多强，也不能把什么事都揽上身，要学会将工作分配出去，给自己留出余地，才能在机会来临时，立刻集中精神、采取行动，把机会化为成果。换言之，面对工作，你要善于“委派”，将工作分配出去。

首先，你要利落地将工作进行分类处理：

①自己该做的工作。

②可以交给别人的工作。

③做不得的工作。

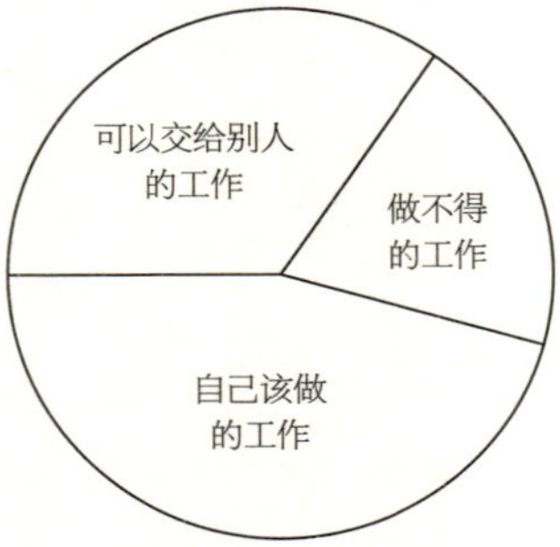

△工作分类图

接着只需将“可以交给别人的工作”委派出去，工作瞬时就会变得轻松起来，自己也会游刃有余，一切尽在掌握。那么，你现在是不是正为要将工作委派给谁、如何委派而苦恼呢？不妨参考以下方法。

方法 1：向下委派

向下委派是比较传统的做法，如果你有能够委派工作的下属，那真是再好不过了。不过在这个过程中，你可能会觉得很焦虑，因为你总是担心下属不能像你预期的那样去完成工作，又或者，下属总是把事情办得不如你的意，以至于你要花更多的时间去善后。所以，很多时候你宁愿自己去做，也不愿意将工作委派给下属。

然而，不得不说每个人的标准都是不同的，你不可能让下属完全按照你的方法和步骤来完成工作。至于工作结果，即便是你亲自去做，很多时候也会与你所预期的有出入。既然如此，为什么还要抱怨下属让你失望呢？

即便你投入了足够的培训时间，很好地指导了下属的工作，具

体工作过程中的帮助和支持也都做到了位，下属也不可能完全按照你心中所想来做。你必须接受这个现实！接受了，你才能够真正意义上的把工作委派给下属，而不是不断地担忧下属是否能够按照自己预期的那样去做，委派出去比自己做还要劳心；也不是根本不敢委派给下属，自己累得半死。当然，根据下属完成工作的情况进行必要的指导是必需的。

委派不会在第一天就产生效果，你很可能要在一段时间之后才能切身感受到它带来的神奇效果。随着时间推进，效果会逐渐显现出来——你会节省出更多的时间；当你节省出更多的时间后，你就能投资更多时间来强化团队成员的能力；你的团队成员的能力越得到强化，你以后委派工作就越容易。这样就形成了一个良性循环，你的工作会越来越轻松。

方法 2：横向委派

如果你没有向下委派的对象，横向委派也是不错的选择，很可能坐在你对面（左边、右边）的同事就乐意帮你分担一些工作。一般来说，横向委派有 3 个要素，如下图所示。

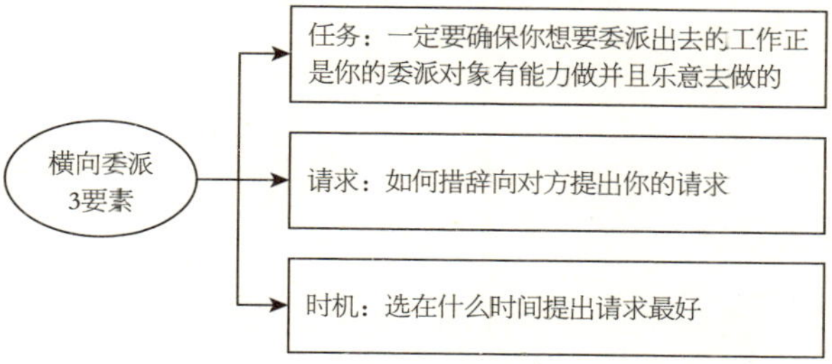

横向委派 3 要素

首先是任务——你要委派出去的工作一定要是对方擅长并且乐意做的事。不然谁会愿意接受你的委派呢？你又如何能放心地将工作委派出去呢？

花些时间找出身边的同事喜欢什么、擅长什么，委派起工作来就会更加顺利。如果你不确定，那就开口去问。通常，人们都喜欢谈论自己喜欢什么和擅长什么，只要问一问“你更喜欢做什么样的工作呢？”“你很擅长做这类工作吧？”你很快就会得到答案。

其次是请求——到底要怎样说才能让对方更容易接受你的委派呢？**“我需要你的帮助”+“因为……”，采用这样的措辞方式就能最大程度唤起对方的正面回应。**

每个人的脑中都有一个“帮助系统”在后台运行，而“我需要你的帮助”这句话是激活“帮助系统”，让它从后台转向前台的钥匙。一旦“帮助系统”被激活，人就更容易伸出援助之手。而“因为……”更是具有神奇的魔力，它能够极大程度地提升对方接受委派的可能。

美国心理学家埃伦·兰格在 1978 年曾做过这样一个实验。

受试者在某个人复印时打断他，问自己能不能插队先复印，受试者分别采用这样几种措辞：第一种措辞方式是“抱歉，我有 5 页纸，能先用复印机吗？”第二种措辞方式是“抱歉，我有 5 页纸，能先用复印机吗？因为我实在很着急。”第三种措辞方式是“抱歉，我有 5 页纸，我能先用复印机吗？因为我需要复印一下文件。”

令人惊讶的是，采用第一种措辞方式时，只有60%的人会允许受试者使用复印机；而第二种措辞方式的成功率高达94%；至于第三种措辞方式，虽然“因为”后面的原因并不能称为原因，但成功率也高达93%。

心理学家们又进行了后续研究，结果证明产生效果的是“因为”这个词。它让你的行为有了动机，而别人听到“因为”这个词时，脑中自然会产生“理解”你的冲动，即使你给的理由并没有什么说服力，但这种条件反射一样的反应还是帮助你达到想要的效果。同时研究发现，“因为”对于书面请求也具有同样的效果。因此，在你委派工作、请求同事帮助的时候千万不要忘了“我需要你的帮助”+“因为……”这个句式。

最后需要注意的是时机——时机不仅是事情发展的关键因素，也是决定委派成功与否的关键。试问，如果你突然走到一个人身边请求帮助，完全不顾他是不是很忙、是不是情绪不好，成功的可能性不是微乎其微吗？所以，在委派之前一定要先进行观察，找准时机再说。要知道，很多时候不是你想怎样就怎样的，时机很重要。

方法3：向上委派

向上委派是让你的领导帮你做事情，觉得不可思议吧？但其实，这不是不可能的。

如果你是领导，当你听到一位自己很器重的下属对你说了这样一段话，会有什么反应呢？

“我一直在想，如何做才能让我的工作更有效率，我觉得我已经找到了一个好办法，但是我需要你的帮助。我很愿意多做些××方面的工作，因为我在这方面比较擅长。为了能多些时间做这些，××方面的工作就只能减少了，更重要的是我并不擅长，做起来总是有吃力不讨好的感觉。”

你一定会采取行动，为下属能做出更好的成绩创造条件吧？当你的领导听到你这样说时，只要他是一位合格的、优秀的领导，也会采取同样的行动。

只要让领导意识到“会更有利”，你的“向上委派”往往就能成功。当然，如果你的领导比较“糟糕”，他可能会更加关注事情的负面，如会认为你“推诿工作”“偷懒”。所以，你在“向上委派”之前，请务必观察你的领导属于哪一类型，看他是否会被负面情绪困扰。

学会聪明地委派，能够让工作变得更加轻松和有效率，而衡量工作是否需要进行委派的标准也是委派后自己的工作能否“更轻松、更有效率”。因此，当你考虑是否要进行委派、委派给谁、如何委派时，不妨问问自己：“这样做是否能让我更轻松、更有效率？”

从拖延症候群到“麻利小超人”

“现在不急，等会儿再说”“真累啊，休息好了就开始”……诸如此类的想法，让你一次又一次将工作拖延，不知不觉中工作已经堆积如山。面对数量如此庞大的工作，你望而却步，不知该从何处下手。

你并不甘愿被打上“低效率”的标签，你很想变成“麻利小超人”，在工作中大显身手。但你不知道如何才能克服“拖延”。其实，从拖延症候群到“麻利小超人”并没有想象中那么困难，你可以从以下 4 个方面着手努力。

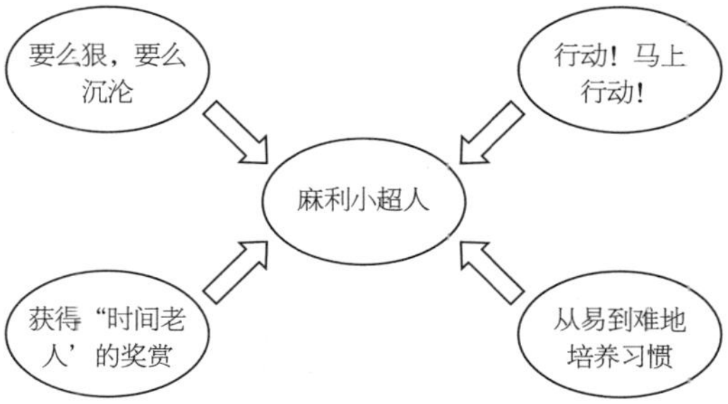

方法 1：要么狠，要么沉沦

如果总是对自己太“好”，那么你势必很容易沉沦在拖延的深渊中。累了、有更有趣的事、情绪不好……种种都会成为你拖延的理由。如果你总是本着让自己更舒服、更随心一些的打算行事，很容易就会沦为“拖延”的俘虏。

不得不说，**你要对自己“狠”一点，与拖延对战时才有更多胜算。**具体地说，在面对工作时，你可以先做出承诺，如对自己或同事说：“我保证会在 ×× 时间内完成！”一旦做出承诺，就多了一种强迫着你向前的力量，让你想拖延也不好拖延。

值得注意的是，你所给出的承诺中的时间期限要尽可能具体一些。如果你说“我将尽快做好这件事”或者只给出一个模糊的时间期限，那么这件事很可能永远完成不了，或是在最后期限前把自己累个半死，却交出一份充满敷衍意味的“答卷”。

清楚地说出你的承诺，承诺一次你有可能完成它，承诺两次你就会不惜一切代价完成它。做出承诺能够迫使你完成任务，当然，是在你重视承诺的前提下，而你一定不会是一个不重视承诺、出尔反尔的人。

方法 2：行动！马上行动！

爱拖延的人特别善于找到不开始做某件事情的理由，然后自我欺骗，想尽办法让自己相信如果先做其他某件事将更加有利。换言之，拖延是因为还没有开始，一旦开始行动，你会发现自己变得积极起来，而不再悲叹时光流逝。

全球领先的教育集团——培生教育集团的人力资源总监大卫·贝尔是一位卓有成效的领导，让很多人钦佩不已。

大卫在管理工作中常常给下属很多非常好的建议，或者建议下属拜访某人，或者建议下属阅读某项信息，或者建议下属采取某项行动……在这个过程中，他总是立刻就完成了自己负责的那部分。

举个例子，他认为去拜访一下互联网公司的技术总监会对下属的工作有帮助，下属也同意了，于是他立刻就会拨通技术总监的电话，向对方说明意图，询问对方的日程，并把电话交给下属。再举个例子，他觉得某篇文章对下属很有帮助，而下属没有读过，他立刻就会让助理把这篇文章打印出来，交给下属阅读。

在大卫的世界里，拖延是不存在的。他的下属也深受其感染，非常有行动力。难怪他和他所带领的团队都以高效率著称。

“马上行动”是多么美妙啊！就像大卫所展现的那样，在工作中总是奉行“马上行动”的原则，完全没有什么“待办事项”，马上行动，立刻完成，不仅让手头上的工作被更快完成，更重要的是，对于接下来的工作，能够全心投入，头脑清晰无比，而不必再心有牵挂。

工作中，我们不妨学学大卫。当发现自己要拖延某件事情的时候，就对自己说“马上行动！马上行动！马上行动！”大声地说出来，你就能获得战胜拖延的力量。

方法 3：获得“时间老人”的奖赏

想象一下，今天你必须要写一份非常重要的报告。现在是早上 9：00，你正打算开始一天的工作。接下来，你……

9：00——你为自己泡上一杯咖啡，以便让头脑进入最佳状态。

9：10——打开电脑，等待电脑启动的同时你快速浏览了一下今天的报纸。

9：20——放下报纸，是开始写报告的时候了。但你想先处理一下 QQ 上的信息。你看到一位客户留言向你索要新一季的产品资料，你并没有马上回复，因为整理资料比较麻烦，你觉得那可以等闲下来再说。

然后，你看到一位老同学的留言，说自己参加了某商务论坛的魅力人物评选，他请你打开论坛界面投票支持他。你想到你们曾经一起度过的美妙时光，立刻打开了论坛界面开始投票。不仅如此，你还帮这位老同学联系了好几位支持者，让他们也投票支持他。你留言告诉那位老同学你为他做的一切，并预祝他取得好成绩。

10：20——此时咖啡还剩下半杯，但已经彻底凉了，你重新为自己泡了一杯热咖啡，那香味和口感真是太让人享受了。

10：30——你收到那位老同学的回复，他发了一段搞笑视频给你表示感谢。你看了后哈哈大笑，本着好东西大家分享的心愿，你将视频转发给几位朋友，相信他们也会大笑不止。

10：45——你终于开始写报告了。快速浏览一下微博，然后你真正开始写报告了。

11:30——很快，一上午的时间过去了，到了午餐时间，此时进展如何呢？刚刚写了一个开头，那真是太糟糕了！

仅仅是写个报告就要一整天，这样的日程，效率低得让人无法接受。为什么总是有那么多杂事？为什么总是将正事拖延？为了提高效率，你不妨更改一下日程，就像是寻找时间老人的“奖赏”一般，整个过程既轻松又愉快。换言之，把每一个额外的活动当成你完成一部分任务的奖赏。

9:00——打开电脑，在等待电脑启动的同时检查你是否准备好了写这份报告所需要的所有资料。闭上眼睛30秒，想一想这份报告写成后是什么样子（为了让报告更加出色，先打好腹稿是非常必要的）。

9:03——开始写报告，并定下完成开头500字的目标。然后你可以向“时间老人”索取奖赏——一杯香浓的热咖啡。

9:30——500字完成了，作为奖赏，你享用了一杯香浓的热咖啡。

9:35——重新投入报告中。准备完成报告接下来的部分，之后将“查看QQ信息”作为奖赏。

10:25——哇，报告完成了！竟然只花了不到一个半小时就完成了报告，真是太有效率了！现在，作为奖赏，你可以毫无后顾之忧地轻松而愉悦地聊QQ了。

那些诱惑你的杂事，既可以是“时间窃贼”的“帮凶”，也可以是“时间老人”的“奖赏”，关键在于你怎么做。只要你把它们当作奖赏，它们就会成为你克服拖延的动力。

方法 4：从易到难地培养习惯

知道在人们不去健身房的理由中排第一位的是什么吗？不是“没时间”，而是“感到痛苦”。同样的道理，**克服拖延让你觉得越痛苦，你就越难成功；相反，如果克服拖延让你觉得轻松、有成就感，那么你就更容易成功。**

不是缺少时间，而是感到痛苦。不错，如果你真心想要健身的话，刚开始是会感到痛苦的。每一个在健身这件事情上拖延的人都清楚地知道健身是令人痛苦的，所以他们的潜意识就会找其他事情来做。

简单地说，**你可以从易到难地培养自己行动的习惯。**

举个例子，作为一位渴望做出成绩的平面设计师，你下定决心要战胜拖延。你接到了一个为某品牌冷饮设计宣传海报的活儿，按照以往拖拖拉拉的经验至少需要两周时间，而你却向自己承诺、向客户保证会在 3 天内完成。无疑，这对你来说很困难，于是你从一开始充满决心，到后来心烦意乱，再到失去信心，最后放弃。

相反，如果你能够让事情变得容易一些——“以往要两周时间，这次我尝试着尽可能不拖延，把时间缩短一些吧，10 天，10 天之内我一定要完成。第一天，我要确认好大致风格；第二天……”这样让事情变得容易一些，你就更容易完成然后获得成就感，并对下次行动充满信心，从而进入一个良性循环中。不久之后你会发现，你真的能够在 3 天之内就做出很不错的方案。

一旦你能承诺完成容易的事情并身体力行，很快就能承诺完成困难的、重大的事情，并使它们善始善终。

起飞！开始专注工作

专注力是高效工作最不可或缺的要素之一。工作能力强的人能在有限的时间内集中全部精神，取得最好的工作成果。在工作中，发挥专注力非常重要。

锥子的前端越尖，越能轻松地刺进木头里；水喷洒开来，即使在沙地上也无法留下痕迹，但集中向一点喷射，却能够射穿厚达 10 毫米的纸板。工作中也是同样的道理，只要激发专注力，就能够取得意想不到的成绩。

可以毫不夸张地说，专注，能够为工作中的你装上一双翅膀，让你的工作效率腾飞起来。然而你可能已经发现，你越是告诉自己要专注，就越难专注。

专注是自然而然的产物，越是刻意，越是无法专注。当然，这并不意味着毫无办法。

如果你总是觉得无法专注工作，不妨问自己以下几个问题：

- 有没有热情？
- 能否转换心态？

- 周围环境好不好？
- 头脑是否处于最佳状态？
- 竞争意识是否正在有效运作？

这几个问题有利于提升专注力。

下面，我们具体来看一看每个问题。

问题 1：有没有热情？

你一定有这样的感觉：当你喜欢一项工作时，做起来往往会不由自主地全身心投入其中，并且乐此不疲；当你不喜欢一项工作时，即便你很努力地想要投入其中，也会不由自主地表现出敷衍的态度。

爱好、热情是开启专注力的钥匙。而更让人庆幸的是，你是否喜欢自己的工作、是否对自己的工作有热情，并不完全取决于工作本身。只要转换一下角度，你就会发现自己工作的可爱之处。比如，你正在做数据录入的工作，面对没完没了的、枯燥的数字，你觉得厌烦、无法专注，可是为什么不试着转换角度去思考数字中隐含的规律呢？很可能这些数字会让你更加清楚公司的运营轨迹和市场的起伏规律，而懂得这些对你的职业生涯来说是多么意义重大啊！这样转换角度，枯燥的数字不是也变得可爱起来了吗？

工作，从不同的角度去看有不同的面貌，总有一个角度能让你发现它的可爱之处，激发工作的热情，进而开启专注力。

当然，也可能你从内心深处讨厌这项工作，毋庸置疑，这种情况下不要说专注工作，连进行都不是件容易的事。此时，不妨与同事沟通、向领导申请调换一下工作内容。

问题 2：能否转换心态？

当你渴望专注工作又无法专注工作时，你的内心一定暗潮汹涌，焦躁、忧虑、迫切……各种负面心态都开始萌芽。此时，如果你无法转换心态，让内心平静下来，那么一定不能全神贯注地工作，甚至无法将工作继续下去。

通常来说，平和、从容、理性的心态更有利于全神贯注地工作。长期保持这样的心态显然是很困难的，但如果是暂时的，却并不难。具体地说，想要心态一直都平和无疑很困难，甚至根本不可能，外界的压力、对结果的担忧、工作本身的困难都会让你的内心难以平静，**但你完全可以通过深呼吸、转移注意力来获得暂时的平静，以便更好地工作。**

值得一提的是，注意力不是你手中的木偶，有时候也不那么听话，要让它去你需要的地方，你得做一些努力——**诵读和抄写都是很不错的将注意力转移到工作本身的方法。**举个例子，你正为下午即将举行的会议而焦虑，需要阅读的资料还有那么多，你很担心在会议开始前无法阅读完。你很想全神贯注地阅读资料，但你根本做不到。此时，你不妨通过将资料小声地诵读出来的方法，将注意力从“完了，完了，我看不完这些资料了，会上发言肯定会出丑的”转移到资料本身。一开始，你可能并不觉得有什么用，但几分钟之后，你的身心都会投入资料中，而你自己根本没有意识到，只因你已经开始专注于资料。如果诵读无法起作用，那么不妨将诵读与抄写一起使用，一边读一边写，等到心态转换后再采用相对更快的工作方式——只是诵读，又或者快速浏览。

问题 3：周围环境好不好？

环境好还是不好，通常因人而异，不同的人对环境有不同的要求。比如，一般人通常在安静的环境中才能专心工作，但有些作家则在咖啡厅、快餐店等稍微嘈杂的地方更能专心写作。

而你只需要根据自己的具体情况，为自己营造出能够全神贯注工作的环境就可以了。比如，你在稍微嘈杂的环境中更能专注工作，但是办公室却静悄悄的，除了鼠标的声音就是键盘的响动，那么你不妨戴上耳机，听着音乐工作。

环境状况不只包括安静与否，还包括温度、空气湿度、光线亮度等。为自己营造一个舒适的工作环境，开始时的各种调整可能会比较麻烦，但完成之后你会发现自己更能全神贯注地工作了。一切都是值得的！

问题 4：大脑是否处于最佳状态？

大脑疲累时，人往往容易晃神、发呆、一片空白，很难有效思考和专注工作，因此一定要注意休息。**休息很重要，不停工作反而会降低效率。**

有适度的休息和放松时间，我们才能维持高度的专注力。就像 NBA 球赛中也会有中场休息时间，如果没完没了地进行下去，比赛一定会索然无味，无法让人热血沸腾。选手能专注地打球，表现出色，是因为大脑能够帮助他们准确判断，有效控制身体，精准地做出完美的动作。一旦大脑状态不佳，球员就会失误频频，表现欠佳。由此也可以知道，专注力无法长久持续。因此在工作中，**我们可以只专心1小时，又或者只集中精神解决某个部分。限制工作时间和范围，更有利于我们全神贯注地工作。**

当然，每个人都有自己的节奏。举例来说，有的人可以集中精神持续工作3小时，因此每过3小时，最好自然而然地起来走动、休息片刻。

就如同大家所知道的“午休时间”或是“下午3点的下午茶时间”，你可以设定固定的休息时间，又或者一觉得累就休息片刻。一般来说，从事需要大家互相合作的工作时，固定时间的休息方式较为适用；相对的，如果是各自独立，从事创意工作，一觉得累就休息片刻这种断断续续的休息模式更为适合。

一般公司的午休时间多为45分钟到1个小时，至于下午3点的休息时间，有10分钟就该偷笑了。这时，不妨吃点甜食让大脑休息片刻，或是做做体操，让自己重新恢复活力。

工作中的休息就像比赛的中场休息一样，“不是为了休息而休息，而是为了再战一场”。重新充电是很重要的！即使你放弃这段休息时间，持续工作，也不会有什么效果。因此，千万不要因为时间紧、任务重就放弃休息时间，让自己“连轴转”。要知道，几分钟的休息时间会让你更加专注、更有效率地工作。

问题 5：竞争意识是否正在有效运作？

竞争，通常是两方面的，一是与外界的竞争，二是对自我的超越和提升。首先我们来看看与外界的竞争——懂得和别人比较，自我实力才会提升。

无论在什么公司从事什么工作，“独一份”都是最游刃有余的。不过相对地，这里的游刃有余，也是迟缓、怠惰的同义词，与专注力背道而驰。**有竞争对手的存在，才能刺激竞争意识，提高专注力。**

“我得比他早完成工作”“我得比他做得更好”，一旦产生类似的想法，力量便会如泉水般不断涌出。**这种能正面促进专注力，提升工作效率的压力，称为“正向压力”。**

在某广告公司任职的A先生是一名广告策划人。他很出色，得过不少奖项。不过即便如此，他在每次准备提案的过程中还是相当神经质。为了能够说服客户采用自己的提案，他总是准备好所有相关资料，费尽心思以求表现得更好一些。

他相信，只有比竞争对手准备得更充分，表现得更优异，才能取得成功。**“要是输给对手，就前功尽弃了，所以我一定要尽力做到最好。”**这就是他的信念，也是他获得无数奖项的关键原因。

其实，无论工作还是人生，有了正向压力，就能得到超乎想象的好处。

同样，来自自我超越的竞争压力也能取得类似的效果。具体地说，

我们要把打破纪录当成目标，激励自己不但要“好”，还要“更好”。

虽然竞争对手的存在多少会带来“绝对不能输给那个人”的强大压力，但正是多亏了竞争对手，我们才能毫不懈怠地认真工作。即便没有竞争对手，我们也可以为自己制造一个竞争对手——把某项纪录作为自己的竞争对手。例如，“要做出比那个更好的产品”“要做得比上次更快”，在这样的正向压力推动下，你往往会更加专注地工作。

纪录之所以存在，就是为了被打破。销售部贴出业绩达成率一览表，也是为了让大家把业绩纪录视为竞争对手，提高斗志。

竞争意识的作用是巨大的。一旦它开始起作用，即使平常悠悠哉哉、什么都不想的人，也会因为感受到这股正向压力而奋发向上，进而获得成长。

高效工作小技巧大集合

在职场中，待遇越优厚，职位越高，平台越广，意味着承担的工作也就越多。那么，面对堆积如山的工作，我们要如何才能不加班呢?

为了能够在有限的 8 小时内尽可能多地完成工作，为了能够不加班，使用一些小技巧让工作高效进行是非常有必要的。

技巧 1：每天都从计划开始

每天在办公桌前坐下，应该做的第一件事是利用 15 分钟的时间做好一天的工作计划。首先，写下任务清单；其次，对清单中的任务进行优先级的划分——哪些工作很重要，哪些工作是今天必须完成的，哪些工作是今后几天内要完成的，哪些是长远的目标；最后，列出计划，明确什么时间段做什么工作。这样，你就可以有重点、分缓急地进行工作，将精力和时间用在最重要的工作上，从而避免该做的事没做，不该做的事浪费了很多时间的情况发生。

技巧 2：及时分派任务

要知道，你不是神，不可能事事亲为，也需要同事们的协助。因此，从计划中找出那些需要同事协助的任务，尽早地通知别人，否则等你想起来了再找别人，对方可能会因为忙而无法帮你，这样可能会造成你的工作进度跟不上要求，甚至让你被上级批评。因此，每天要做的第二件事情就是分派任务。

技巧 3：检查你的工作设备，准备好你需要的东西

“磨刀不误砍柴工”，对计算机和办公设备进行检查可以使你更为有效地工作，不要一会儿缺东、一会儿少西，这不仅会使自己又忙又累，而且工作效率也会降低。因此，要把自己工作所需的东西准备齐全。

技巧 4：控制干扰

这是一个信息透明化的时代，在工作中，我们每天都有可能接到与工作毫不相干的或者不重要的电话、邮件、邀请等。为了免于被它们骚扰而影响工作效率，你可以每隔几小时查阅一次电子邮件；将电话转为语音邮件，只回复那些确实重要或紧急的电话；要求将会议安排在你方便的时候召开。

技巧 5：不要在工作时间干私事

许多人习惯在工作时处理私人事务，如网上缴费、写感谢卡

等，这会影响我们的专心程度。时不时要分心处理私人事务，工作效率自然就高不起来了。你应该将这些与工作无关的事情挪到私人时间去处理。私人事务不占用工作时间，工作才不会占用私人时间。

技巧6：下班1小时前才将电话铃声调响

完成所有工作之前，将打进来的电话转到自己的语音邮件系统中，直到下班前1小时再调回来，这样能够保证在正常工作时专心致志地处理紧急事务，使工作效率不被影响。

技巧7：依靠和信赖电子邮件

许多日常的交流通过电子邮件就可以完成，不一定非得打电话。使用电子邮件可以避免你打电话聊天。充分依靠和信赖电子邮件，既可以达到交流信息的目的，又可以避免将时间浪费在与人闲聊上。

技巧8：利用自动化手段

充分利用办公自动化设备和应用程序来完成工作任务，这样会减少手工操作，使你获得更多的时间。

技巧9：对工作完成情况进行总结

下班前利用几分钟的时间总结工作，看看早上安排的计划的完成情况，如果有不尽如人意的地方，分析原因何在，应该怎样改善。

这样，你第二天的工作效率一定会比今天有所提高，因为你在改善。

技巧 10：早工作早离开

如果工作已经做完，到了下班时间完全可以离开，不要考虑到还有同事在加班，自己走了不好意思。事实上，早离开正是为了留给自己更多的休息时间，以保证第二天的工作效率。

如果你将这些小技巧运用到日常工作中，那么你的工作效率一定会有所提高。这些小技巧在其他章节中做了详细介绍，这里做一个简洁的汇总，是为了让你能够系统地掌握它们，更有效地运用它们。

Part 3

工作整理：不想累死自己，就要学会把工作变简单

掌握报告技巧：口头报告只要说重点，废话和细节主管通通不想听；书面报告则先写“结论”，再说明“理由”。此外，坏消息绝对不能拖，越坏的消息越要提早报告。

决定优先级：决定顺序是工作最重要的一部分，一进办公室就要确认当天要做的事，并按优先级逐一排列。

学会量化工作：将具体时间、完成数量、质量要求等细节量化，形成标准贯穿在工作中，使工作更有秩序地被完成。

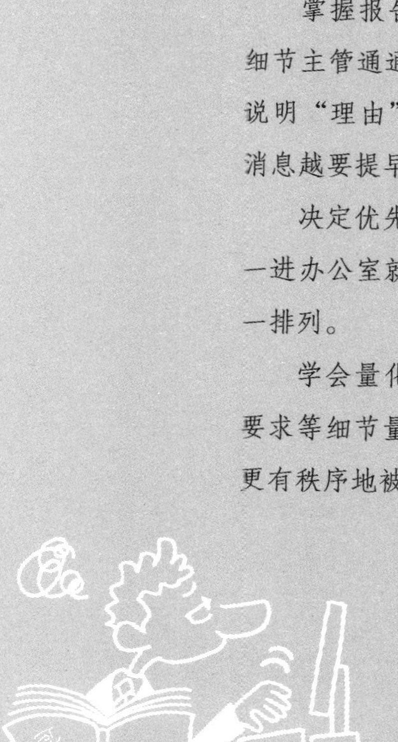

汇报工作，要像“迷你裙”般诱人

在工作中，什么时刻是你所头疼的呢？向领导汇报工作算是头疼时刻之一吧？你或许会遇到以下情况：

● 汇报工作的人像早晚高峰时一样多，你刚汇报了一个开头，等在后面的人已经满脸不耐烦，对你心生不满。

● 你很认真、很细致地汇报工作，领导却迫不及待地打断你，问道：“所以呢？”

● 一向领导汇报工作，大脑就一片空白，不知道该说什么，最后说得一团糟，领导一脸茫然，自己满心难堪。

你很头疼，只是简单的工作汇报就弄得一团糟。要想改变这种状况，先来回忆一下你是怎样向领导汇报的吧！

员工：“上周四，我去拜访××公司的M经理，想看看他们本季度的订单量。不过听说他们公司最近不太景气，业绩整整下降了

3成。”

领导：“所以呢？”

员工：“我费了好一番功夫，最终还是说服了他，订单量达到了预期。因为……”

领导：“好，我知道了。真是辛苦你了！那已经转账付款了吗？”

员工：“哦，还没有。因为……”

像这样毫无重点地汇报工作，也难怪等在后面的同事对你心生不满，领导也一脸不耐烦。要知道，大家都非常忙碌，工作简直就像大战一样，尤其是周一早晨汇报工作时，试问谁会有闲情逸致去听你冗长又没有重点、没有条理的汇报呢？

△报告时说重点，别浪费领导的时间

尤其是领导，可以说是部门中最忙的人，要兼顾各种事务。所以，**下属汇报拖拖拉拉，做领导的绝对无法忍受。**

学习汇报工作的技巧能够帮助你更从容、更有效地汇报工作，进而得到领导的器重。

技巧 1：说重点、讲结论，选时机

试想一下，如果你是领导，最想知道的消息是什么？是下属如何努力克服困难，还是下属的各种“因为”呢？都不是！**领导最想知道的是“结果”“结论”。**尽量把握时间说重点，其他过程和“老王卖瓜”式的话可以等到有时间再说。

同样地，汇报的时机也很重要。首先，**你要学会根据汇报内容的重要程度来选择汇报的时机——重要的事，提早到公司，等领导一到立刻汇报；不重要的事，在空闲时间汇报。**其次，开口前，请先向领导确认：“现在有空吗？”“能给我 5 分钟时间吗？我想汇报一下 ×× 的情况。”要占用对方的时间，就必须配合对方以及周围环境的步调。如此一来，工作才会有效率。

技巧 2：坏消息，越坏越要提早汇报

汇报的内容绝不可能都是好消息，一定也有许多坏消息。你是不是一想到要向领导汇报坏消息就心里发怵？所以，如果要汇报坏消息，你总是一拖再拖，直到拖不下去了才汇报。

其实，越坏的消息，越需要优先汇报。**“顺利”和“成功”这类的好消息即使延后汇报也不会有什么问题，但是客户投诉、纠纷、意外等坏消息如果不尽早汇报，往往会演变成大麻烦，后果**

非常严重。

对于坏消息，你汇报得越早，问题就能越早得到处理。及时止损就像救火，如果在火势尚小时就汇报，往往能够轻易将其扑灭；如果因为开不了口而拖延，给了“小火苗”壮大的时间，事态就会变得很严重，处理起来也会非常困难。为了避免造成难以挽回的损失，一旦出现坏消息，还是尽早汇报为好！

漂亮的书面报告是怎样炼成的

工作中，你的书面报告是否总是被领导嫌弃？是否很多时候都被领导返回来重写？是否在你很认真地重写后，仍然无法让领导满意？总之，一提到书面报告你就头疼，就会很怀念口头汇报。

其实，要想做出漂亮的书面报告也并不是什么难事。不过，你需要掌握一些技巧。

技巧 1：一目了然的标题

报告的标题最好一目了然，让人一看就知道是在说明什么问题。这样能够帮助看报告的人提高工作效率，而对方也会因此而更加配合你的工作。试问谁愿意去读一份意义不明，需要从成百文字甚至上千文字中去查找主题的报告呢？

报告，是为了沟通交流。因此，完全不需要什么文艺范儿，更不需要用曲折隐晦的措辞来显得“高端、大气、上档次”。能够让人一眼就看明白要说什么的报告标题才是你应该采用的。例如，“× 月销售计划调整报告”“× 季度人事临时调动报告”等都让人一目了然。

一目了然的标题，能够在看报告的人的脑海中画一个“问号”。举个例子，“新产品研发的可行性报告”，一看到这个标题，人的脑海中就会出现一个问号——“是否进行新产品研发？”带着这样的疑问去阅读报告的详细内容，“市场调研情况”“用户需求预测”“利润评估”等信息就会自然而然地被大脑接受、理解，而不是过滤掉。显然，先在看报告的人脑海中画一个“问号”，更有利于对方接受报告中的有用信息，从而更有利于彼此的沟通。

技巧2：从结论开始写

结论，是整个报告中意义最重大的部分，也是所有人最关心的部分。一开始就将“结论”写出来，通常更契合看报告的人的心理，更能让他们心情愉悦。

报告不是让人阅读的文章，而是沟通和传达信息的手段，所以必须尽可能简明扼要、直入主题。**那些铺陈、渲染一大段之后才逐渐进入主题的报告，不读到最后就无法知道结论的报告，根本一无是处。**就像英国前首相丘吉尔所说的：“我只会看第一页，剩下的都交给秘书丢进垃圾桶。”

技巧3：以条例的方式说明理由

从最重要的结论部分开始书写，接下来，按照优先顺序以条例的方式说明理由。不论报告的内容多么冗长，工作能力强的人一定会在第一页注明结论和3项理由。值得注意的是，在第一页列出的理由不用太多，只需 3 项即可。因为理由再多，真正重要的也不会超过 3 项。只要列出最重要的 3 项，就能让对方理解。如果看完 3 项真正重要的理由还是无法使人明白，就算列出 100 项理由也毫无意义。

需要强调的是，这 3 项理由也必须按重要程度来写，最重要的放在最前面，依次排序。

技巧 4：说明背景，补充数据、图片或图表

通过上面 3 个技巧，你能够很轻松地搭建起报告的完美框架。接下来，你可以继续下些功夫让报告更加完美一些。该说明背景的，说明背景；该丰富数据的，丰富数据；用图片或图表会更加直观，想要易于他人了解的，就用图片或图表。

△漂亮的书面报告都有一定的模式

会议，会议，开不完的会议

2016 年，美国在线调查网站 iPoll 的调查数据显示：

- 34% 的员工认为有一半的会议是浪费时间；
- 18% 的员工认为 70% 的会议是浪费时间；
- 4% 的员工认为几乎所有的会议都是浪费时间。

对这样的调查结果，你一定很有同感吧？但更重要的是，为什么大家对会议的评价这么差呢？首先，让我们一起来回想一下那冗长的 、让人不堪忍耐的会议过程吧！

会议开始总是比预计时间迟，因为总是有人迟到，总有人等到开始时间已经过了好几分钟后才姗姗来迟；

无精打采地进入会议室，无精打采地开始会议；

在会议开始时询问“需要咖啡还是茶呢”，敲打茶杯来获得大家的注意力；

照着 PPT 演讲；

经常说“这个问题暂时放一下吧，下次再说”，又或者“看看时间，马上就到午饭时间了，×× 的三季度新战略还没介绍完，会一时半会儿也开不完，我们来表决一下是继续还是午餐之后再继续吧”这样的话；

……

整个会议过程只是为了开会而开会，这样的会议很难得出结论。而如果会议无法得出结论、做出决定，又或者决定后不能切实实行，那么无论花上几个小时开会讨论都没有意义。

至今，W 先生仍然记得与美国大出版商哈罗德·埃文斯的那次简短的二人会议。

那天，W 先生坐在哈罗德办公室旁边的等待室里，他听到哈罗德正在和谁讲电话：“我知道。但是我很忙，你也很忙，实在没有必要在这个问题上反复纠缠。我们只需要决定是达成协议，还是不达成协议！”几秒钟后，他又对着电话那头的人说：“很高兴成为你的合作伙伴。”

随后，W 先生被邀请。当他刚要走进办公室时，哈罗德的助理倾身过来低声说：“您有 15 分钟的时间。”W 先生的头脑中立刻就有一个时钟在嘀嘀嗒嗒地走个不停。

进入办公室后，W 先生很快和哈罗德互相问好。会议开始了！

“我有什么能够帮到你吗？”哈罗德问道。

“是这样。我是一家新出版协会的理事，想邀请您成为我们协会的副主席。”W先生快速进入主题。

“我很荣幸！还有其他什么事吗？”

“我们很需要资金，所以想请问您是否愿意考虑做一笔捐赠。”

“可以，一年5000美元吧？”哈罗德思考了一会儿后回答道。

“啊，那真是太感谢您了！另外，协会的成员每个月都会有交流会，您愿意来参加吗？”

“哦，那真是太好了！如果你能每个月都提前通知我日期的话，我会很乐意参加。”

……

就这样，不到5分钟，他们就为所有的事情都做好了决定。真是一次让人难忘的、效率高得让人吃惊的会议啊！

哈罗德·埃文斯控制会议的方式真是让人叫绝。如果每一个会议都能以这样毫不拖泥带水的方式进行，就不会有那么多人讨厌开会了吧！而哈罗德·埃文斯控制会议方式的关键就是让会议始终朝着“取得结果”这个目的进行，而不是大家坐在那里倾听自己或他人的声音。

我们必须明白，会议本身是没什么意义的，并不能带来业绩和利润，只有做出了决定，让事情有了结论，并将决定付诸实践时，会议才具有意义。换句话说，我们必须谨记，**举行会议的目的是决定，而不是坐在那里演说或倾听**。而决定的内容，我们可以概括为“3W2H”，其具体内容如下。

- Who——由谁来做？
- What——该做什么？
- When——进行到什么时候为止？
- How much——需要多少经费？
- How——该怎么做？

只要会议能围绕着“3W2H”来进行，始终以做出决定为目标，就能大幅提升会议的效率。此外，**在整个会议过程中，请务必做到“快”“狠”“准”，论点清楚，指示明确。**

W公司固定在每周一早上8点举行主管会议。整个会议只有大约90分钟的时间，却要决定30~40件事，也就是说平均2~3分钟就要做出一个决定。这听起来就像是无法完成的任务。

然而，公司的负责人采用了一种节奏紧凑、效率畸高的开会方式——负责人提问，再由各部门主管回答。如果负责人满意就通过提案；如果不满意，则会在会场做出明确的指示。

如此一来，不管什么样的事情都能当机立断，绝不会发生3天内还无法下结论的情形。

我们举这个例子并不是让大家复制开会方式，而是让大家去思考并发现高效率、高生产性会议的共通点，进而更好地把握会议。一般来说，高效率、高生产性会议都有如下的共通点：

- 设定明确的“截止期限”；
- 在“短时间”内有效率地进行；

- 由握有决定权的人物主导会议；
- 当机立断，快速做出决策；
- 无法当场做出决策时，会议主导者会指示下属，取得必要的信息；
- 会议主导者明确提出要求（谁做、该做什么、什么时候、做到什么程度）。

只要开会时能做到以上几点，会议就会变得明快起来，更重要的是，会议会对工作真正产生促进作用，而不再是做无用功。

别小看“反复做”的力量

世界知名乐器品牌雅马哈开始将中老年人也纳入主要客户范围之内。这项决定让很多人担忧，虽然越来越多的中老年人因为没有孩子或者孩子不在身边觉得寂寞而选择学习乐器，但中老年人能够学会钢琴、小提琴、萨克斯风吗？

你也一定会担忧吧？都一把年纪了，能学会吗？如果学不会，怎么会买乐器呢？实际上，这完全不是问题，甚至很多初学乐器的中老年人都被要求直接挑战肖邦的曲子，而他们也做到了。

其中的奥秘有点类似“临阵磨枪”——短时间内重复钻研某个科目。只要不是太难的曲子，通过每天反复练习，2 周左右就能弹到一定程度。换句话说，“重复做”帮助他们做到了看似不可能的事情。

工作中，“重复做”也会让你爆发出惊人的力量，尤其是在遇到困难的工作时。**把困难的工作分解，一次只做一部分，重复做，再困难的工作也能完成。**

完全没有接触过钢琴的人，要如何才能在 2~3 周内就学会一首曲子呢？最有效的办法是将整首曲子分为好几个小节，如分成 10 个小节，每天练习 1 小节，10 天里重复练习，10 天后就学会整首曲子了。当然，如果能够不拘泥先后顺序，先从好弹的地方着手，困难的部分则留到最后，会学得更快、更好。

用小节将曲子拆分，再从最容易着手的地方开始练习，直到精通。这种方法用在工作上，就是最简单有效的“时间、范围分割法”，它能把复杂的工作变简单，把困难的工作变容易，能帮助我们集中处理重要的工作。

举个例子，你正在进行数据统计工作，但是大量的数据让你望而生畏。此时，你不妨将数据拆分成很多小部分，每次只专注地统计一小部分，而不去考虑其他数据，这样一来工作就不那么令你望而生畏了。接着你只要重复“统计一小部分数据”这个动作，很快就能完成整个工作了，你在不知不觉间就已经“搬走了”一座数据大山。

再如，你必须攻克一个“客户堡垒”，从他那里拿到订单。这无疑是一项难度很高的工作，想要完成非常不容易。但你可以从时间上进行划分，每 2~3 天就拜访一次，随着拜访次数的增加，彼此的关系会不断拉近，直到有一天你和你的产品会得到他的认可。就这样，再难攻克的堡垒也被你攻克了，再难完成的工作也被你完成了。

无论如何，千万不要小看“重复做”的力量。懂得将工作进行拆分，让复杂的工作变成几个简单的部分，把困难的工作拆分成几个容易完成的部分，然后重复做每个部分，再复杂、再困难的工作也能够被完成。

靠谱的工作计划

通常来说，**倘若你的工作不那么顺畅，多半是遇到了“天敌”——勉强、浪费、乱来、不完善、遗漏、错误。**

“勉强”会形成恶性压力，让效率不增反减；“浪费”会增加时间、精力的投入，造成损失；“乱来”与“不完善”是有勇无谋的举动，绝对成不了气候；“遗漏”和“错误”不但让你做白工，更可能直接导致你的工作任务失败，需要付出无法想象的努力才能弥补，甚至无法弥补。

倘若你的工作出现了问题，不妨思考一下，到底是哪里出了差错？是“勉强”还是“错误”，抑或“浪费”或“不完善”导致的？

为了确认你是否受到这些工作“天敌”的影响，不妨一边思考，一边填写下面的清单。

◎勉强	□“工作量”是否太大？ □“工作难度”是否太高？ □“预定计划”是否太完美？

续表

◎浪费	□“成本”有无浪费？ □“人员配置”上有无浪费？ □“预定计划”是否浪费时间？
◎乱来	□“工作内容”是否太杂乱？ □“计划”是否太草率？ □“预算”是否太过理想？
◎不完善	□“工作流程的安排”是否不完善？ □“负责人员的安排”是否不完善？ □“预定计划”是否不完善？
◎遗漏	□“工作”是否有遗漏？ □“负责人员”是否有遗漏？ □“工作程序”是否有遗漏？
◎错误	□“计划”是否有错误？ □“工作顺序”是否有错误？ □“预定日程”是否有错误？

对于上表中的问题，如果你的很多答案都是肯定的，那么你就需要重新思考你的计划了。你的现有工作计划很可能不靠谱，你需要重新做一份靠谱的工作计划。

所谓靠谱的“工作计划”，简单地说包括两部分——“流程”和“截止期限”。流程，是在一定时间交出成果的方法以及工作顺序。而流程中的所有工作都必须在几小时或几天内完成，都有“截止期限”。流程与截止期限密不可分。

工作能力强的人会先思考清楚：什么时候开始，什么时候结束。这两个问题能够帮助我们明确“截止期限”。接着再决定：用什么方法做，和谁一起做，照什么顺序做。这三个问题能够帮助我们明确“流程”。

举个例子，N 先生接下来的主要工作是做一份产品宣传册。如果他想要工作进行得顺利，那么他首先要想明白这样几个问题。

①什么时候开始→本月 ×× 日早上 8:30 开始。

②什么时候结束→本月 ×× 日下午 5:30 之前结束。

③用什么方法做→跳出以往框架，从全新的角度来宣传产品。

④和谁一起做→产品研发部 ××、市场部 ××、销售部 ××、助理 ××……

⑤照什么顺序做→首先，确定宣传册内容架构；其次，索要详细资料，丰富各部分内容，排版，校对……

其次，还可以针对“照什么顺序做”所划分出来的工作环节来问以下几个问题，这会让工作计划更加细致，也会使工作更加顺利。以“校对”为例。

①什么时候开始→ ×× 日上午 10:00 开始。

②什么时候结束→当日下班之前结束。

③用什么方法做→先人工，后软件，再人工。

④和谁一起做→自己单独完成。

⑤照什么顺序做→通读，校对内容、文字错漏之处；软件校对文字错漏；浏览校对版式、页码等。

最后，工作计划就会越来越详尽，成为类似下面这样。

制作产品宣传册	什么时候开始：本月 ×× 日早上 8:30 开始
	什么时候结束：本月 ×× 日下午 5:30 之前结束
	用什么方法做：跳出以往框架，从全新的角度来宣传产品

续表

<table>
<tr><td rowspan="8">制作产品宣传册</td><td colspan="2">和谁一起做：产品研发部 ××、市场部 ××、销售部 ××、助理 ××……</td></tr>
<tr><td>……</td><td>……</td></tr>
<tr><td rowspan="6">照什么顺序做：首先，确定宣传册内容架构；其次，索要详细资料，丰富各部分内容，排版，校对……</td><td>什么时候开始→ ×× 日上午 10:00 开始</td></tr>
<tr><td>什么时候结束→当日下班之前结束</td></tr>
<tr><td>用什么方法做→先人工，后软件，再人工</td></tr>
<tr><td>和谁一起做→自己单独完成</td></tr>
<tr><td>照什么顺序做→通读，校对内容、文字错漏之处；软件校对文字错漏；浏览校对版式、页码等</td></tr>
</table>

从上往下顺着表格靠右边的最后一栏，你就能得到靠谱的工作计划了！

需要注意的是，在估计“什么时候开始”“什么时候结束”时，最好能多估计 2 成左右的时间。

“buffer”这个单词的意思是“缓冲器、缓冲区”，就像电脑有暂存空间一样，**为了在紧要关头能够游刃有余、应付自如，在工作上我们也必须为自己预留缓冲时间。**

正所谓“计划永远赶不上变化”，大部分工作很难照着自己的原定计划顺利进行，经常不得不延期。这时，只能投资加倍的时间（牺牲自己的时间）或人力（用其他人的时间）来完成工作。

投资人力，势必要给他人增加不必要的麻烦；而自己的时间毕竟是有限的，如果东拼西凑，勉强在期限内完成，效果也往往不会太好。

为了拥有时间上的余裕，避免临时取消或延后计划带来的风险，**你可以事先将预估的完成所需的时间增加10%～20%。**举例来说，将预订计划写进笔记本时，就算和某人开会只需要1小时的时间，还是要多给自己15~20分钟的时间。当然，如果工作能照着预订的计划进行，这些预留时间就会多出来，就能提早进行其他工作。

如何妥善处理工作行程冲突

即便将行程安排得再周密，仍然不可避免地会出现工作日程冲突的情况。

H先生是位业务员，他先和A客户约好时间，后来却发现比较重要的B客户也只有在那个时间段才有空。尽管他尽量周密地安排自己的行程，仍然会出现“重复预约”的情况。这让他头疼不已。

类似这样重要工作与紧急工作同时出现的情况，你是不是也经常遇到呢？那么如果你是H先生，你应该如何应对呢？

通常来说，当重要工作和紧急工作同时出现时，应该优先处理重要工作。

这样说或许有些人会反驳：“既然是紧急工作，不就代表它比重要工作更需要早点被完成吗？”其实，紧急工作是流程安排得不好所导致的结果。工作的铁律是优先处理重要工作，而非紧急工作。

然而，工作紧急与否是人人都能判断的事，至于重要与否，则是见仁见智。那么应该如何处理呢？不妨参考以下 3 个方法。

方法 1：思考是否能两者兼备

思考能同时解决紧急工作和重要工作的方法。例如，“分身术”——重要工作自己做，紧急工作借助其他人（同事、领导）的力量。充分发挥团队的力量，问题就很容易解决了。

方法 2：先完成重要工作，再处理紧急工作

依照优先顺序处理是工作的最大原则。如果一直考虑次要的工作，反而会没完没了。

方法 3：向领导或者交付工作给你的人确认，与之商量

自己无法判断时，请立刻找领导商量。这样既可以获得助力，也可以更妥善地处理工作。

员工：“A 工作比较重要，我现在正在处理，可是突然又来了 B 工作，而且还很急。我应该先做哪个比较好呢？”

领导：“你继续做 A 工作，B 工作我会请别人处理。”

你的同事、领导、客户可能不知道你手上有多少工作需要处理，所以才一直交付工作给你。像这样，**通过沟通，让身旁的人知道你的工作量有多少，工作行程是怎样的，手头的工作有多重要，是非**

常重要的。

上面 3 个方法虽然简单，却能真正让工作更加顺利，很值得去实践和运用。

以开篇提到的 H 先生为例，由于约见客户的工作不便委派出去，所以最好的办法是，与 B 客户沟通，约定其他时间见面，就算晚一点也无所谓。因为变更预约是非常失礼的行为，会使自己的信誉受到影响，即使与约见重要客户相比，保证自己的信誉仍然是更加重要的事。

需要注意的是，**紧要关头时，即使有重要工作也要暂时放下。**比如，对于做业务的 H 先生来说，客户投诉就是紧要关头。作为 H 先生，此时就算变更与 A 客户已经约定的会面，也要先妥善处理好客户投诉。

挑挑拣拣，管理你的工作行程

每天早上进入办公室后，首先要做的应该是“确认工作行程”，看看今天有哪些工作要做，并依照优先顺序逐一列表。**所谓列表，就是把你手头的工作全部列出来，之后，按工作的重要程度重新排序。**

这就是标准的“工作行程”，其中工作的优先顺序尤为重要。如果无视优先顺序，只单纯地将工作逐一列出来，就不算是“工作行程”。那样不仅没有办法让工作更加顺利、有效率，反而会让工作陷入混乱之中。

那么，应该如何确定各项工作事务的优先顺序呢？不妨从以下几个方法着手。

方法 1：根据自己的职位决定哪些事先做，哪些事后做

假如你是一名业务员，你应该有下列工作要完成吧？

□差旅费报账

□制作合约

□预约与客户见面的时间

□准备简报资料

□制作提案书

□制作会议资料

□拜访客户

□整理客户资料表

□整理名片

只要将上面的工作全部做好就行了吗？当然不是！绝不能什么工作先来就先做什么工作，而是要根据“重要程度”依次进行。**不同的职位有不同的任务，而这些工作对任务的影响程度，是决定所有工作优先顺序的重点。**

那么，业务员的目标是什么呢？当然是“提高业绩”。在上述清单中，和提高业绩直接相关的工作又是什么呢？就是“预约与客户见面的时间”“拜访客户”。另外，“制作合约”也很重要，毕竟没有合约就不会有业绩。拜访客户前必须事先预约，完成预约后，必须马上准备足以说服客户的简报资料。另外，制作出彩的提案书以便让客户顺利签约也很重要。

这样一来，上述工作的顺序就应该做如下调整。

□预约与客户见面的时间

□拜访客户

□制作合约

□准备简报资料

□制作提案书

……

你的职位或许并不是业务员，但你确实应该参考上面的方法将重要工作确认出来，并排在优先位置上。

方法2：与任务无关的行政工作，留到闲暇时再做

预约与客户的见面时间、制作合约、准备简报资料、拜访客户等工作是业务员的生命线。与之相比，制作会议资料、整理名片或差旅费报账等对于业务员的任务来说就不那么重要了，甚至可以说是没有关系。通常来说，业务员不管在这些工作上花费多少努力也不会提高业绩，所以这些工作只要在闲暇时尽快处理就可以了。当然，针对这些附加工作，你也可以根据紧急与否进行排序。

比如，以上面的业务员为例，他的最终“工作日程”就可以是如下所示。

□预约与客户见面的时间

□拜访客户

□制作合约

□准备简报资料

□制作提案书

□整理客户资料表

□差旅费报账

□制作会议资料

□整理名片

需要再次强调的是，**任何工作，都必须以“对任务的影响程度”来决定优先顺序。**

在前面曾经提到“80/20 法则”，所有工作中，重要的部分只占 20%，其余的 80% 全属于附加工作。然而，正是这 20% 的工作决定了工作的成果。因此，千万不要在无关紧要的工作上浪费宝贵的时间。

方法 3：活用便利贴，轻松管理工作日程

工作中，很多人不愿意使用“工作日程”来管理工作，因为在他们看来这太麻烦了。首先要逐一列出工作，然后根据重要程度排序，好不容易开始做了，却随时可能因为情况的变化而需要变更顺序，涂涂改改、重复书写文字不仅浪费时间，也让人厌烦不已。

关于这一点，便利贴能够带来莫大的帮助。**只要将待办事项分别写在便利贴上，再贴在办公桌上即可。就算先后顺序有变动，只要配合情况调整便利贴的顺序就好了，非常轻松。**

如果你习惯使用日志本，可以先将待办事项写在便利贴上，再贴进日志本里。偶尔会看到这种人，他们的日志本厚得不像话，这都是因为他们在里面贴满了便利贴。

每天都有许多要做的工作，这些工作不可能一开始就按照优先

顺序排列，并且还会随着情况变化频繁地变动，甚至很多时候，早上、下午、傍晚的顺序都截然不同。因此，确认优先顺序的工作常常要重复进行。从下图中，我们可以更加明确这个过程。

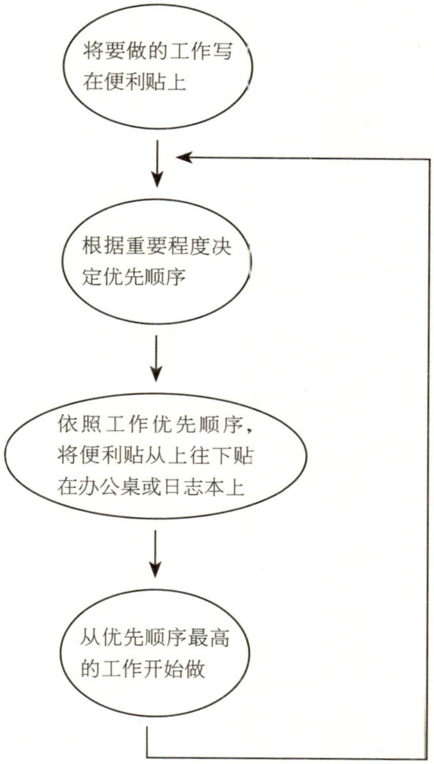

运用便利贴，**通过写、贴、排 3 个动作就能轻松管理工作行程。**当然“排”的动作可能一天要做上好几次。因此，**为了方便重新排列和调整顺序，在贴便利贴时，便利贴之间最好能够留出足够的空隙。**

重要工作从事前商议开始

20% 的重要工作能为我们带来 80% 的业绩。可以毫不夸张地说，时间、精力都应该优先给它们。换句话说，应该从重要工作开始，无论它们有多难。

注意，不是从简单的工作开始，也不是按照时间上的先来后到，而是坚决从重要工作开始。但这样做也可能面临新的问题。

H 女士是某家居用品公司的项目部经理，本周她最重要的工作就是做好下一季度主打产品的策划书，希望能够在下周的公司季度会议上得到市场部、客户信息部、生产部等相关部门领导以及总经理的认可。

为了让策划书通过，这一周 H 女士把其他工作都放下了，全力去做策划书。终于，耗尽心力后一份令她满意的策划书诞生了——市场数据严谨、详尽，产品卖点清晰，生产可行性分析完整……她非常有信心，认为自己策划的产品能够成为公司下一季度的主打产品。

然而，就在她做完演讲，等着大家给她掌声的时候，现实却给了她沉重的一击。总经理觉得，产品不太适合南方市场，而公司已经有把重点转向南方市场的打算；生产部觉得原材料的价格下季度可能会上涨……总之，H女士的策划被否定了，她一周的辛苦白费了。不仅如此，她还堆积了大量的工作杂务。

这样花费了大量时间和精力，却丝毫没有成效的事真是让人太不愉快了。不过可以肯定的是，你在工作中也经常会碰到类似H女士的情况。不是不够努力，而是因为各种各样的外部原因而失败，又或者总是磕磕绊绊，不断地重做细节。

不错，在重要工作上受挫非常令人沮丧。但你必须明白：**重要工作无法逃避，你必须去做才能取得成绩。否则即便其他工作完成得再好，也无法取得什么成绩。**明白这一点之后，我们更应该做的是，寻找方法来规避这种不良情况的出现，而不是逃避。

△事前商议会让工作更加顺利

事前商议是一种非常重要的工作管理方法，能够帮助我们更加顺利、更有效率地进行重要工作。在正式行动之前，利用事先商议的方式，预先确认公司内外关键人物的意见和评判，并在工作进行过程中不断与他们沟通，取得他们的认可。如此一来，重要工作就能更加顺利地完成了。

需要注意的是，沟通也是需要付出时间和精力的，因此，**这样的事前沟通与那些对你的重要工作握有“决定权”的人进行就足够了。**

事实上，任何事情都不可能让所有人满意，一些无关紧要的人的意见你完全可以忽视。更何况，参与其中的人太多了反而会给工作带来负面影响。正所谓“撑船的人多了，反而容易把船撑翻”。

因此，只与“真正相关的人”进行事前商议就足够了。汇集少数精英的意见，你不但能够得到很好的助力，也能快速做出决定，一举两得。

复杂东西简单化，简单东西要量化

许多人都去过麦当劳吧？但你是否知道麦当劳的规定：在鸡腿烤出20分钟后，如果没有卖掉就一定要丢掉。对很多餐馆来说，别说20分钟，就是过了2个小时也舍不得扔掉。鸡腿烤出20分钟内就要完成消费，这就是标准，也是麦当劳能够在全球迅速扩张的真正原因。

这样一条看似简单的标准，背后需要做多少细致的工作啊！比如，客人太多汉堡不够卖时，现烤肯定来不及，这就要客人等，很可能导致失去顾客；而客人少，烤的鸡腿太多时，又只好扔掉，这会大大增加经营成本。

所以，既不能让客人等，又不能烤得太多而浪费，这就需要对顾客需求进行详细记录，找到客人数量与烤鸡腿数量的合理比例关系，这样才能保证两者不误。不单单是烤鸡腿一项，麦当劳的其他食品和服务也有相应的标准要去执行，可见其中的细节有多么复杂了。**事实上，只有将标准加以量化，工作才能更加合理、更加有秩序地被完成。**

缺乏“量化”意识的管理者经常会觉得下属办事不力，让照办的事没照办，让抓紧的事没抓紧，总之未能达到自己预想的效果。究其原因，往往是因为他们在布置工作或制定规章制度时没有使用可量化的标准，最后就会一人一个结果，降低了效率，耽误了工作。

细节的量化是指在管理中将工作内容及制度以量化的形式提出，并使之涵盖工作全过程。我们经常看到具有服务性质的企业挂着一个标语：“微笑服务”，那么到底怎样的笑称为微笑呢？沃尔玛规定员工面对顾客时要常露出微笑，后面的注释是“露出 8 颗牙齿”。这就是量化细节。很多公司都以通过 ISO9000 质量体系认证为荣，实际上也是因为认同了该认证体系能将工作流程中的很多细节量化。

工作能力强的人通常会将具体时间、完成数量、达到什么质量要求等贯穿在工作的过程中。他们会尽可能将每一个细节量化，希望将工作做得更透彻、更精细一点，同时也更规范、更有秩序，供其他员工做参考。

用力做事只是把事情做对，而用心做事才能把事情做好。这就要求我们加快培养细节量化意识，不断创新细节量化制度。这样不仅使自己的积极性得到充分发挥，也使产品和服务的质量得到不断改进。

那么，如何才能将任务更好地加以量化，从而更好地完成工作呢？

①量化任务之前，需要对具体岗位的工作任务有一个定性认识，明确任务属于什么类型。只有做到心中有数，才能进一步对任

务进行操作。

②在分解工作任务时，先对以前的工作任务进行总结，然后再将任务分成多个细节。

③简明的内容和过程。概括说明本项工作任务的相关指示、方法和操作步骤等，要做到明白易懂。

④完成任务所要达到的标准，如数量、时间等。这一步骤是最关键部分，越详细越好，还要记住这些数据，以便做到心中有数。

⑤把分解后的工作细节一一应用到具体行动中，在执行过程中每一步都紧扣细节要求。

很多时候，通过简单的方式才能最好地解决问题。想要成功地解决问题，并不一定要经过烦琐复杂的程序。别把事情弄得太复杂，想得简单一些，很多事情就能很彻底地得到解决。在企业中，如果每个员工都建立一套自我量化的管理方法，一定会在工作中起到有效的规范作用，更好地提高工作成绩。

早早开始，使工作变简单的真谛

Z先生现任某日企的高管。当被人问到工作卓有成效的秘诀时，他谈起了自己20年来的工作习惯。20年来，他始终保持着早上4点起床的习惯，这个习惯让他能够在中午前把大部分工作都做完，到了下午他不仅可以进行自我提升的学习和训练，更能随心所欲地做自己喜欢的事情，这让他非常愉快。

而他除了做好本职之外，还是撰稿人、培训讲师、大学特聘讲师、管理人交流会组织者。他说："我之所以能如此一心多用却成绩卓著，正是因为清晨4点就起床，早早开始工作的好习惯。"

早早开始工作真的能够让工作变得完全不一样吗？真的如此简单吗？

实际上，早早开始工作确实能够为我们带来很多好处。

首先，在前面谈到的"哈佛凌晨四点半的秘密"中，我们已经探讨过早晨那安谧的3小时具有怎样的神奇效果。

其次，早一点开始一天的工作会为我们预留出更多的时间。一方面，使我们能够从容不迫地进行工作，与赶出来的工作相比，从容不迫做完的工作无疑效果更好；另一方面，因为有更多的预留时间，即使出现意外情况，我们也完全不会手忙脚乱，只需要调整步伐，就依然能够在当天把工作完成得妥妥帖帖。

最后，早一点起床、早一点开始工作还能够帮我们避开拥挤的早高峰。在人挤人的早高峰中满身狼狈的人很可能一整天的状态都不好，而惬意地听着音乐或新闻，抑或读着报纸到公司开始工作的人状态一定会好得多。

具体地说，我们不妨借鉴以下方法。

方法 1：起床后，立刻冲个热水澡

早上起来，立刻冲个热水澡，能够让大脑迅速清醒过来，一身清爽地迎接新一天的挑战。**冲个热水澡，就像是按下身体和大脑的“运作开关”。**需要注意的是，冲澡与泡澡有很大区别，早上泡澡容易让人感到疲劳。

方法 2：吃饭时“一心多用”，快速进入状态

工作并不是在到达公司以后才开始的。**为了早一点进入工作状态，不妨在早餐时一心多用，一边吃早餐一边看报纸、看新闻，或是确认当日的工作行程。**这样不仅能够提高时间利用率，也能更早地进入工作状态。

需要注意的是，晚餐时最好不要再一心多用了。那时，一天的工作已经结束，应该专心地与家人一起吃饭，好好享受这难得的美

好时光。

方法 3：不要让杂事占用了你宝贵的晨起时间

早上起床后到出门上班前，总有各种各样的杂事。如果被它们缠上，整个早上就会变得混乱无比，也就更谈不上什么早早进入工作状态了，甚至到了公司后都要休息好久才能开始工作。

早上最常碰到的麻烦，其一就是衣服换来换去都不合适，其二就是一换衣服就忘带钱包、名片、钥匙等。

针对这种情况，首先，你可以**事先决定穿着**——从衬衣、西裤、皮鞋到领带、袜子、胸针等都一一准备好。你可以提前准备好一周的穿着，也可以在头天晚上睡觉前准备好。

其次，你应该**选择夹层较多的公文包**，把名片夹、记事本、便利贴、笔、手表、钥匙、皮夹、交通卡等都分门别类地放进公文包里，每样东西都有自己应该待的地方，需要时就到公文包里相应的地方去取就可以了，非常方便。

集中处理琐事

工作中总会遇到许许多多的琐事，甚至有些人会感觉自己一整天都在处理琐事，工作一点进展都没有。回复邮件、回访不同的客户、整理文件、为领导寄快递、到前台取快递……这些事情会占用我们相当多的时间和精力，从而降低我们的工作效率。

很多时候这些琐事甚至还会误导我们，使得我们错误地认为自己的时间正用于应该做的事情，并没有认识到自己现在的行为是在浪费时间、浪费精力。比如，放下手中的重要工作，而抽出时间去处理各种临时的或意外的小事件。

人就是这样，往往忽视要达成的目标或者忘记要达到的预期效果，而把精力全部集中在随时发生的事情或活动上，遇到什么事情就去处理什么事情。终日忙忙碌碌而漫无目的，渐渐形成了不良的生活习惯。**被琐事牵着鼻子走，会让我们的办事方式趋于活动型而不是效果型。**

不是去支配工作，而是被工作所左右；把动机误作成就，把活动误作成果，这样自然就大大降低了工作效率。为了避免这种情况发生，要学会将各种随机的或是固定的小事件放到一起集中处理。

英国哲学家罗素说：“假使人们在决定一些琐事上不浪费太多的时间，那么他们一定能完成更多的事情。人们往往因为拼命想把每一件小事都做得完美无瑕，而在大事上一事无成。”

工作中，我们常常很紧张，感觉自己的时间不够用，这件事情还没有做完，那件事情又被摊到了手边。但是仔细回想的时候，发现自己并没有做多少有意义的事情，这是因为我们把很多时间都浪费在了处理各种各样的小事上。所以，我们要学会将各种琐碎小事集中到一起处理。

对于一些无关紧要的生活小事，最快的决定就是最好的决定，应该把宝贵的时间用在最值得花费的地方。所以，**我们在处理琐碎小事时，一定要尽快将其归类，待到合适的时间再一并处理，而不要遇见一件就去处理一件，将大好的时间无端浪费掉。**

那么，如何才能够更好地将琐事集中起来处理，使得自己的工作更加高效呢？

①快刀斩乱麻。遇到琐碎小事要立刻确定它的价值以及合适的处理时间，不要磨磨蹭蹭，浪费时间。

②一定要按照事情的轻重缓急来做事。琐碎小事并不一定就是没有任何价值的无聊之事，若遇到重要的小事，也要在第一时间去处理。

③不要吹毛求疵。很多时候，这些琐碎小事并没有太大的价值和意义，所以不要花费大量时间在上面，力求做到完美，那样只是在浪费时间。

④即使是小事，若是固定的，也要写进日程表或计划表。

⑤不要把时间浪费在胡思乱想上，而要立即行动。

⑥磨刀不误砍柴工，处理前一定要明确方法。

⑦杜绝无意义的电话。

⑧如果会议时间过长，适当做些事情，不要把时间浪费在冗长而无意义的会议上。

⑨注重结果并不意味着花费大量时间。

⑩ 认真工作，尽量不要返工。

放眼四周，许多人整日行色匆匆、疲态毕露。“我好忙”似乎成了人们共同的口头禅，忙是正常，不忙是不正常。为了改变这种“焦头烂额”“应接不暇”的工作状态，我们必须学会不把时间和精力浪费在无关紧要的琐事上。将琐事集中起来处理，会为我们节省许多精力和时间。

总结工作经验，找出做事窍门

工作中，我们经常会遇到一些类似或相同的事情。第一次做的时候遇到不少困难，但也顺利完成了；然而过一段时间再去做第二次，却发现第一次做的时候遇到的困难仍然存在，并没有比第一次轻松多少。或者说，相同类型的事情，做完一次后，下次开始的时候依然有诸多困难。

试想，我们每天的任务那么多，哪会有时间和精力浪费在重复或类似的事情上？如果对于同类型的事情，第一次做的时候遇到困难，第二次、第三次还是遇到同样的问题，花费的时间还是那么长，那就真应该好好反思一下了。

这个时候不妨先停下来，静心地总结之前的经验教训。经验总结是对已经做过的工作进行的理性思考，它要回顾的是过去做了些什么、如何做的、做得怎么样。总结与计划是相辅相成的，要以计划为依据，计划总是在总结经验的基础上进行的。

许多人都没有做工作总结的习惯，工作之后也容易忘记思考。许多人因为忙于工作而疏于总结，不停地去工作，总以为做完了这件事就可以停停了，结果一件事情还没完成另一件事情又接踵而至。即使是到了下班时间，以为可以思考一下了，却发现还有很多琐事要做。完成琐事之后，感觉已经筋疲力尽了，没有力气再去思考了。激情和想法就是这样被一天天磨灭的，我们也是以这样的方式一天天地重复工作。

殊不知我们的懒惰和疏于思考，让很多问题都依然存在着，很多灵感的种子都得不到发芽的机会，很多提高自身的探索都被扼杀在摇篮中。造成所有这些的原因，在很大程度上是我们没有很好地总结、认真地思考。

古希腊哲人亚里士多德曾说：“如果我们从来不反思我们的生活和我们的行为，那么我们的生活其实不是我们自己的，而不过是我们所处时代主流思想的机械反应而已。”如果不对一天的工作进行工作总结，也许你总是很忙，但是**在忙什么、困难在哪里、如何改进、哪些是不必要的事情、哪些经验教训是可以吸取的，我们都无法有一个清醒的认识，简单的机械劳动基本上无法提高工作效率。**

善于思考、常做总结可以使我们全面、系统地了解以往的工作情况，正确认识以往工作中的缺点，明确下一步工作的方向，这样会少走弯路、少犯错误、提高工作效益，使零星的、肤浅的、表面的感性认识上升到全面的、系统的、本质的理性认识上来。寻找出工作和事物发展的规律，然后掌握并运用这些规律，就可以提高管理水平，培养出更多理论与实践相结合、具备工作能力的干部。那么，如何做好工作总结、提高工作效率呢？

①要善于抓住重点，所谓重点就是工作中取得的主要经验或发现的主要问题，抑或探索出来的客观规律。

②重视调查研究，熟悉实际情况。

③总结经验是提高自己的重要方法。任何单位或个人在开展工作时都有自己的一套不同于别人的方法，经验体会也各有不同。写总结时，在充分占有材料的基础上，要认真分析、比较、突出重点，不要停留在一般化上。

④热爱本职工作，熟悉岗位任务。

⑤经验体会是从实际工作中，也就是从大量事实材料中提炼出来的，一旦形成，就要选择必要的材料予以说明，这样经验体会才能具有实用价值。

⑥坚持实事求是的原则，自己的经验总结也是自己日后要用的。

⑦总结的文字要做到判断明确，就必须用词准确、用例确凿、结论不含糊。简明则是要求在阐述观点时，做到概括与具体相结合，切忌笼统、累赘，做到文字朴实，简洁明了。

⑧重点在出经验、找规律，方便以后使用。

有人说过：要想总结写得好，必须总结做得好；要想总结做得好，必须工作做得好。这应该是写总结的经验之谈。好的总结是在做好工作的基础上写出来的。

每天的小结将是筑起你成功堡垒的一块块砖头，日积月累，高效有序的工作状态将会让你轻松自在。

Part 4

人际整理：搞定职场人际关系，从此不再吃闷亏

避免硬碰硬：想和周遭人和平相处，就要适时示弱，并且随时保有全盘接受的宽宏度量。工作应酬浅尝辄止即可，不要勉强自己。

遵守每个约定："约定"就等于"契约"，与客户有约时千万不能迟到。在职场上取得信赖比什么都重要，越是"无关紧要"的约定，越要遵守到底。

建立专属智囊：在做出重要判断时，拥有"军师"很重要。在不同领域的朋友中培养专属智囊，就能缔造双赢关系。

对无效沟通，及时说“再见”

工作中，你或许希望可以获得每一个人（无论是同事、领导，还是客户）的支持。于是，你总是竭尽所能地与每个人沟通。但其实这样的做法对你并没有什么帮助，你所做的努力有相当一部分都是白费力气。

有人曾对一位畅销书作家说：“我比你有天分，但为何我的书没有你的书卖得好？这真不公平！”而这位畅销书作家的回答是：“你的确比较有天分，但你的天分并不能让你获得所有人的喜爱，你却执意如此，最后的结果就是你失去了所有人的喜爱。而我只致力于获得值得的那一部分人的喜爱和支持。”

你必须接受这个现实——**并不是所有的沟通都有意义，和某些人沟通，说再多也是白搭。**

与其将时间和精力浪费在这些努力却没有成效的沟通上，不如多做一些能够取得成效的沟通。换句话说，你要懂得从无效沟通中脱身出来。那么，无效沟通都有哪些呢？下面我们一起来看看。

无效沟通 1：与没做好事前准备的人沟通，只是在“对牛弹琴”

如果你和对方之间缺乏共同语言或相同资讯，那么不管你说什么，都只是对牛弹琴而已。因为沟通之前对方没有做好准备，所了解的资讯不足或知识贫乏，所以就算你费尽口舌地说再多，对方也无法领会你的意思，更不要说给出意见了。

H 先生正在与下属就新产品发布会的情况进行沟通。

“展台布置得怎么样了？符合安全标准吗？”H 先生问道。

“……”下属沉默着，满眼茫然，心里充满了疑问——“安全标准？这个标准是怎样的？”

看到下属的表情，H 先生就知道下属不了解情况，于是接着问：“那新产品宣传手册印刷好了吗？已经送过来了吗？”

“印刷厂那边还没有说什么时候能印刷好。”下属回答道。

H 先生心里开始不满，觉得下属一问三不知。但他很快压下心中的不满，接着与下属沟通，期望能够推进新产品发布会的准备工作：“备用设施呢？准备好没有？”

下属仍然不知道具体情况如何。在其后的沟通过程中，H 先生没能取得预期的效果，反而生了一肚子闷气，影响了随后的工作。

不得不说，H 先生并不明智。他期望与一个完全不了解情况、缺乏资讯的人有效沟通，并对工作起到积极的推进作用，这本身就是一种奢望。与其白白浪费时间和精力，不如在刚一发现对方不清楚状况、缺乏资讯时就终止沟通，并要求对方做足准备，然后再次沟通。

在沟通对象掌握资讯不足、知识贫乏时的沟通，即使你费尽心思也起不到什么作用。而你的行为也不算是沟通，充其量只是演讲罢了。这一点，请务必牢记，并尽量避免。

无效沟通 2：企图说服没有决定权的人

Y 女士明天上午要用公司的高级商务轿车去机场接一位重要客户。于是她到后勤部去联系，想要把这件事定下来。

“请问，用车的事情谁负责呀？”Y 女士问道。

一位女助理站出来回答道：“主任现在不在，你有什么事吗？我可以转告。”

“哦，我明天上午要到机场接一位重要客户，不知道公司的商务轿车是否还有空闲的？”Y 女士解释道。

“这个恐怕不行，公司的车明天都有任务，你知道最近因为展会的事情，车就没有歇过。能不能打出租车呢？”助理回答。

“那可不行。明天这位客户很重要，打出租车显得太不重视了。实在不行，能不能从外面借车过来呢？”Y 女士焦急地问。

“公司没有这种先例。而且借的话估计也不容易找到合适的。”

……

一番讨论过后，她们终于定出了解决方案——由 Y 女士从汽车租赁公司租车，后勤部报销费用。但这个方案要先汇报给后勤部主任，得到同意后才能实行。

与没有决定权的人沟通就是这样，在很大程度上都是在做无用功。然而在工作中，或者是因为对方很热情、耐心地听你说话，或者是因为对方让你觉得没有压力，或者是因为你慌乱中未弄清情况……总之，因为这样或那样的原因，你也像Y女士一样做了很多无用功。

其实，如果对方没有决定权，那么无论他多么热心地倾听你的发言，结果多半也只是落得一场空，因为就算你说得再精彩，对方也无法做出决定。有这种闲工夫，你还不如早点被有决定权的人拒绝，然后另想办法。

无效沟通3：和没兴趣听你说话的人沟通

对于没兴趣听你说话的人，就更不需要白费口舌了！因为不管你多么热情，到头来都是无功而返。

比如，同事已经很明确地表示无法给予你帮助时，你还拉着对方一个劲儿地“拜托”，长篇大论地想要说服对方，却不知此时说再多都没有用，只会将彼此的关系弄僵，让自己下不来台。

再如，业务员缠着客户，拼了命地介绍产品，却不知道这样做只会带来反效果。给人留下坏印象也就算了，搞不好还会被下最后通牒——“我绝对不会买”。与其落到这种地步，还不如以退为进，说一句：“您现在好像很忙，我下次再来拜访您好了。”像这样打过招呼就干脆地离开还比较聪明。

因此，当你发现对方不耐烦、没兴趣时，请利落地结束沟通吧！

时间有限、工作繁重，你实在没必要把时间浪费在“无效沟通”上。丢掉这些“无效沟通”，你的工作会更有效率。

善解人意、体贴的人才能成功

毕业于哈佛商学院的精英们在离校20年后，接受了一份“是什么能力引导你走上成功之路”的问卷调查。结果显示，有85%的人的答案都是“人际关系技能”，而大多数人以为的“商业技巧”和“营销技巧”只占了15%。

这个调查结果可能会让你哑然，不过仔细想想，事实确实如此。良好的人际关系技能不仅能让你的工作环境更加舒适，提升你的工作效率，而且能让你获得更多的外界支持，拥有更好的工作表现。不过良好的人际关系技能并不是人人都能拥有的，这是相当高级的“战术”，不通过一番摸爬滚打是很难体验与学会的。

所谓精通“人际关系技能”，说得直观一些，用“人类专家”这个词形容再合适不过了。“人类专家”指的是精通人们的喜怒哀乐，对人类情绪了如指掌的人。这样的能力无法在课堂中学习，只能在与人接触、交流的过程中锻炼。松下电器创始人松下幸之助就是“人类专家”中的佼佼者。

一次，松下幸之助出席自己公司的晚宴。作为“主人”，他很早就来到了会场。很快他就发现自家员工胸前佩戴的花比来宾的还要大、还要显眼。他立刻做出反应，在晚宴开始前将所有的胸花都换掉了。

这样的举措消除了来宾“不被尊重”的内心不适感，让来宾充满了“被重视”“被体贴”的愉悦感。

如果你能够像松下幸之助一样，站在他人的角度与他们感同身受，就很容易做到善解人意和体贴，也就更容易收获融洽和谐的人际关系。

换句话说，**善解人意、体贴是“人际关系技能”的关键，而要做到这一点，你就必须不断地练习站在他人的角度，与他们感同身受。**

首先，你要开启你的“雷达”，去听、去看、去感受。举个例子，同事请你帮他去机场接一位客户，虽然你的工作也不轻松，但也不要忽视了观察对方。当你听到对方嗓音沙哑，当你看到对方面色潮红、双眉紧蹙，对方很可能身体不舒服，并且真的需要你的帮助，此时你应该体贴地伸出援手，而不是因为自己工作也不轻松拒绝帮助对方。

其次，将自己代入对方的情况和感受中。比如，“如果我嗓音沙哑、发着低烧，还能去机场接客户吗？我是不是也亟须休息一下，想要获得同事的帮助呢？”当你将自己代入对方的情况和感受中并得出“应该给予对方何种回应”的答案，进而通过自己的表情、肢体语言、话语表现出来，那就是一种体贴和善解人意。

值得注意的是，即便你将自己代入对方的情况和感受中，有时候也未必能做出让对方觉得体贴和善解人意的回应。你觉得天冷，所以为对方关上了窗户，但对方可能觉得开着窗户空气更好。这种差异与个人的生活经验有很大关系。

为了避免出现这方面的误会，你一定要再次留意观察对方的反应，以便及时修正自己的交际方式。比如，在工作中，你个人觉得来一杯咖啡会更加提神，于是你给对方泡上一杯热咖啡，但对方并没有表现出很喜悦。这时你不妨问一句："我个人平时喜欢喝咖啡，不过你或许更喜欢来一杯茶或别的什么？"即便最后对方并没有要你为他换一种饮品，但你如此贴心，就已经拉近了你们之间的关系。

最后需要指出的是，善解人意和体贴绝不是漫不经心就能办到的。因此，你必须得用心一些。

如何梳理不和谐的人际关系

就算就业形势再紧张，还是有人辞职跳槽。难道他们全都如此优秀，无论形势如何糟糕都能找到更好的工作？当然不是。其实，80% 的人辞职跳槽都是因为公司内部糟糕的人际关系。

在他们看来，待遇差一点还可以接受，但不顺遂的人际关系就令人无法忍耐了。因为从早上 9 点到下午 5 点，整整 8 个小时都要和同事碰面，相处的时间比家人还长，如果彼此关系不和谐，甚至互相针对、添堵，身心肯定备受煎熬。

一般来说，工作时人与人之间或多或少都存在着竞争的关系，这就很容易造成人际关系不和谐。在工作中，你表现得越是强硬，就越容易激化竞争关系，加深与同事间关系的不和谐。相反，如果你能够让对方看到你脆弱的一面，那么你们之间的不和谐就会得到很大程度的缓解。

W 先生刚刚毕业并进入社会工作。很不走运，他遇到了讨厌的同事 P 先生，更令人沮丧的是，为了工作他不得不经常和 P 先生打交道。每天，他们都吵得不可开交，彼此的关系甚至紧张到令他们一整天都无法好好工作，其他同事战战兢兢地夹在他们中间，不知道该如何是好。

为了不再每天为不和谐的人际关系头疼而无法好好工作，W先生选择了离开自己喜爱的工作岗位，申请到别的部门工作。

但是在这里，他又碰到了一个让人头疼的主管。也是此时，W先生才懂得，如果你不学会梳理人际关系，那么无论躲到哪个部门、哪个公司，不和谐的人际关系依然会找上门。因为人际关系不和谐不是部门或公司的原因，而是自己不懂得梳理人际关系的原因。

W先生想了很多办法想要改进与主管间的关系，但都没有成功。直到一次偶然的机会，主管亲眼看见了他的脆弱。那天，W先生坐在那里一言不发。午休的时候，他接了一个电话，讲了很长时间，电话那头的人应该是W先生的女朋友，声音很大，很明显两人吵架了。因为这通电话，W先生下午甚至没有办法安下心来工作。很快，W先生找到主管想要请假。

看着W先生那张快要哭出来的脸，主管突然意识到："原来每个人活着都背负着各种不同的艰难。"就在那一瞬间，主管心里的疙瘩消失了。

后来，因为主管不再那么强硬，他们之间的关系开始缓和。而W先生知道了其中的原委以后，便打定主意，要适当展现自己的脆弱，而不要"以硬碰硬"。

展现自己脆弱的一面，一方面能够削弱他人的竞争意识，使你们之间的关系从对立向融合的方向发展；另一方面也会让人觉得你更可亲，“原来每个人活着，都背负着各种不同的艰难”，这样“同是天涯沦落人”的感觉一旦产生，彼此的关系就大大拉近了。此外，人们对于处于脆弱中的人几乎都会产生同情心，而这促使人们展现出友好的态度。这就是W先生与主管不和谐的人际关系得到缓和的原因所在。

人们在感受到对方的脆弱时就能变得温柔。反过来说，**如果想和周遭的人避免对立、和平相处的话，就别逞强，适时让对方看见你的脆弱。**

其实，很多时候，这种脆弱并不需要你刻意去展现。因为人总有脆弱的一面，你只需展现最单纯、原始的自己就可以了，这样你的支持者立刻就会增加。相对地，刻意展现自己脆弱的一面反而会让人觉得你做作和令人反感，与其这样，不如展现真实的自己，别逞强。

良好人缘源于良好沟通

职场是一个错综复杂的小社会，人与人之间存在各种各样的对抗和合作关系。因此，要想身处一个和谐的办公环境里，就一定要和他人良好沟通。但是在实际工作中，却有很多人不善于沟通。有时你觉得自己跟别人沟通了，却没有什么效果，这很有可能是因为沟通时你在态度或行为上存在某些方面的问题。如果你的沟通刚好也没起到作用的话，可以仔细反思自身是不是存在着下面这些问题。

自以为是：也许在最初你对一个问题已经有了一定的看法和认识，所以你一直保留自己那自以为是的观点，不愿意接受别人的意见，这就使得你和别人的沟通只是停留在表面。

高高在上：也许你是一个领导或老板，习惯了站在高处去和员工说话。即使是在和员工进行沟通和交流的时候，你也会有意或无意地表现出你的职业身份来，使得下属在你面前唯唯诺诺、有话不敢讲，这当然就谈不上真正意义上的沟通了。

先入为主：如果你对一位同事或是下属存有偏见的话，那么沟通肯定无法进行，因为这种偏见会阻碍你客观地去倾听对方，更不要说带着欣赏的态度了。

不善于倾听：沟通过程中最重要的环节之一就是倾听。如果你在与他人沟通的过程中左顾右盼、肆意打断对方、表情或行为不当，那么你的沟通必然会以失败告终。

缺乏反馈：反馈是沟通过程中或沟通结束时的一个关键环节，可是总有许多人在沟通时不重视反馈，这样会使沟通的效果大打折扣。

以上只是导致沟通没有效果的部分原因，具体的问题所在需要你自己结合实际去深度剖析。有不少人简单地以为沟通就是和别人谈话，却不知道这个谈话里面有多么大的学问——**谈好了，效果会立竿见影，隔阂也会消除；没谈好，则会起到相反的作用，使得事情更加糟糕，还不如不谈。**因此，职场沟通可以说是一门技术，更是一门艺术。而如何掌握好这门技术，并把它升华成一门艺术呢？也许你可以参考以下几点。

方法 1：清晰、简洁地传递信息

你所传达的信息一般包括 3 个方面的内容：信息、思想和情感。而在信息传递过程中，思想和情感往往被忽略。而后者却是至关重要的，甚至比信息本身更重要。因此传递信息的时候，要注意以下几个问题：

①注意传递信息的方式。如果是一般性的说明情况的信息，可以通过信件、电话或邮件来解决；而如果是为了交流感情、增加信任或消除隔阂，则在合适的时间、地点面谈为好。

②注意传递信息的时间。不管是约见客户、发致谢信还是向老板汇报，又或者是与下属谈心，都要讲究“天时、地利、人和”，在错误的时间进行很可能传递让人误解的信息。

③注意明确信息的内容。这就要求你去把握哪些该说，哪些不该说，并保证信息简洁，不会产生歧义。

④注意正确的信息接收者。

⑤注意选择传递信息的合适地点。传递信息的地点非常重要，不同的信息沟通地点会让人产生不一样的理解和感觉。

方法 2：认真倾听

在沟通的时候做到认真倾听，对方便会向你袒露心迹。认真倾听是掌握他人内心世界的第一步。在通过陈述自己的主张说服对方之前，先让对方畅所欲言并认真聆听是解决问题的捷径。

懂得如何倾听的人更有可能取悦上司、赢得友谊，并且把握别人错过的机会。但倾听不仅是物理上的过程，更是一种情感活动，它需要通过面部表情、肢体语言和话语的回应去向对方传递信息——“我很乐意听你说话”。倾听也是需要技巧的，只有掌握了某些技巧才可以实现高效沟通。下面这些方法不失为一些好的倾听技巧，值得借鉴。

① 主动去倾听。

② 鼓励对方先开口。

③ 不要多话。

④ 切勿咬文嚼字。

⑤ 表露出你对所听内容的兴趣，并与对方保持视线接触以表示你在认真倾听。

⑥ 全神贯注，表示赞同。

⑦ 耐心地听对方把话说完，切勿打断。

⑧ 鼓励对方多说。

⑨ 适时做出反应，让对方知道你在听。

⑩ 使用并观察肢体语言，注意非语言沟通。

⑪ 接收并做出回应。

⑫ 暗中回顾，整理出重点，并提出自己的结论。

方法 3：积极反馈

对于一次完整的、有效的沟通来说，仅仅发出信息和接收信息是不够的，还必须在接收信息的过程中或过程后及时地回应对方，以便澄清“表达”和“倾听”过程中可能的误解和失真，这就是信息的反馈。

信息的反馈包括接收反馈和给予反馈。在给予反馈的时候应注意针对对方的需求，内容要具体、明确，不要让人听着不知所云。即使是表达一些否定的反馈信息，也一定要考虑到对方的感受，不要挫败对方的积极性；并且要对事不对人，不要因为某人的提议不可实施就去否定他整个人，甚至对他进行攻击和全盘否定。

接收反馈信息也是一个非常重要的环节。在听的过程中要有耐心，不要随便打断对方。要有心理承受能力，要有包容心，不要一听到对方的反馈是负面的或是对自己不利的就马上去辩解，这样的话只会迫使对方终止反馈，从而导致你的沟通失败。最后，也要记得表明你的态度。在别人对你进行反馈之后，你要给予对方一个明确的态度，如理解、支持、同意、不同意、保留意见、如何行动等。如果不明确表示自己对反馈的态度和意见，对方会误以为你没有听懂或内心对抗，这样就会增加沟通成本，影响沟通质量。

职场沟通非常重要，其中大有学问，每一个职场人都应当认真学习和领悟其中的技巧，掌握好这门技术，并在实际沟通过程中把它升华为一门艺术。如此，你的职场一定会“一路绿灯”。

应酬：气氛是关键

应酬可以拉近你与同事、客户、上司或下属之间的距离，从而让工作进行的更加顺畅。然而，对于不善于应酬，甚至不善于人际交往的人来说，应酬简直就是一件让人难熬的事情。

试想如果你在饭桌上不会喝酒，在 KTV 里又不会唱歌，那么，你要怎么办呢？

其实，对于应酬来说，你会什么不是关键，你会或不会也不要紧，重要的是你营造出来的气氛。炒热气氛，你们彼此间的关系就会很快热络起来。

具体地说，在饭桌上，人们不知不觉地就在推杯换盏中拉近了距离。然而，如果你因为体质原因不能喝酒，是不是就只能眼睁睁地看着建立关系的机会溜走呢？

面对这种情况，你或许会像很多人一样先致歉，然后负责斟酒。然而这样做并不明智，也不能将气氛炒热。对方一定会因为你的滴酒不沾而多少产生心理负担，即便他没有明确地对你说："真不好意思，一直麻烦你倒酒。"因为心理负担，对方会处处留神，无法放开，如他很可能会尽量少喝但不让你发觉。这样一来，你们彼此间就只有拘束，没有气氛，从始至终都客客气气、相敬如“冰”。

真正明智的做法是，“浅尝”即可。所谓“浅尝”是指，与对方行为同步的程度。模仿对方的行为能够让对方觉得你是自己人，瞬间拉近彼此的距离。只要你开始能够陪对方喝一口，之后就算以茶代酒，也能和对方亲密沟通。因为即使“浅尝”也足够让对方觉得你是自己人，为后面的接触打开局面。

只要打开了对方的“自己人模式”，接下来你是否与对方推杯换盏就不那么重要了。这时，因为没有了心理负担，他们会轻松地按照自己的步调来，只要你表现得自然而热情就完全不会有问题，因此你没有必要多虑和担心自己“浅尝”不合适。

另外，应酬免不了会去KTV唱歌。不擅长唱歌的人要怎么办呢？此时再模仿对方的行为显然是不合适的，试问谁会对一个不停地跟自己唱一样或相似歌曲的人有好感呢？**在KTV里应酬的你最好通过歌曲来展示自己独有的魅力。**也就是说，你选的歌曲最好是自己喜欢的、能够表现出自己个性的歌曲，这样才能够给对方留下深刻印象。

当然，这并不是说在KTV里你就没有办法开启对方的“自己人模式”，你选的歌曲可以是对方所熟悉的歌曲。

值得一提的是，千万不要因为跑调或者声音不好听就拒绝献唱。其实，**对方在乎的不是你唱得是否好听，而是你是否愿意参与其中。**只要你高高兴兴而非勉强地参与其中，气氛就会好起来。并且，你那不怎么好听的歌声很可能会带来惊喜——你的糟糕表现会让对方觉得你更为平易近人。

总的来说，无论是在什么场合应酬，尽管具体方式不一样，但有一个共同原则，那就是“炒热现场气氛”。

讨论只是讨论，而不是战争

工作中，集思广益是非常有必要的，这也要求大家要经常聚在一起讨论问题。然而在很多时候，讨论会变成摩擦，不仅没有为问题找到更好的解决方案，而且还使人与人之间产生隔阂、矛盾，整个团队的合作性和凝聚力也受到负面影响。

T 先生与 H 先生都是广告策划的高手。他们正在讨论某公司本年度的一款主打手机的广告宣传问题。

T 先生："我觉得 30 秒的广告时间里，功能演示至少要占 15 秒，因为这款手机最主要的特点就是功能强大。"

"15 秒？有点太长了吧！这样哪还有时间营造氛围、刺激购买、展示品牌？而且这些都是不可缺少的。"H 先生不自觉地就大声反驳道。

"功能演示不就是在刺激购买吗？用产品最大的优势来吸引顾客。"T 先生立刻说道。

"我说的刺激购买，是直接作用于顾客潜意识的，这样会更有效果。功能演示的确能吸引顾客，但只能让顾客去思考是否购买，而不是下定决心购买。”H 先生说道。

“难道让顾客思考购买还不够吗？还是说如果按照你说的去做广告，顾客看了广告就一定会购买？”T 先生不甘示弱地反驳道。

……

一番争论过后，领导决定采纳 T 先生的建议，听了领导的决议，T 先生自豪极了，不自觉地把笑容挂在了脸上，并且看了 H 先生几眼。而那样的笑容和眼神在 H 先生看来真是刺眼极了，简直就像是在挑衅。

随后的工作中，H 先生总是竭尽可能地给 T 先生制造麻烦，仿佛看到 T 先生不痛快就能使自己痛快。

工作中，你是不是也遇到过类似 T 先生和 H 先生的事情呢？或许你和 T 先生一样，只是欣喜于自己的论点正确、观点被采用，就这样不知不觉地得罪了同事，给自己的工作带来了麻烦。

讨论，是获得问题更好解决方法的途径，但同时也会给人际关系带来危机。因为**工作必定会伴随着“获利率”与“生产性”，再加上彼此的观点对立，让人们站在了不同的阵线上，此时如果表现得再不谨慎，就很容易把彼此间的关系弄僵。**因此，与人讨论工作时请务必注意一下自己的表现。

注意事项 1：不要“暴风骤雨”，要“和风细雨”

讨论时，不是音量大、地位高、工作能力强的人说的话就一定正确，提出意见的人只要“论点正确”，就算音量小、地位低或办事不力，一样会被采纳。

大声说话、行为激烈，无论你是一时着急，还是本性不拘小节，都会被他人下意识地判定为“有敌意”，一下子就让彼此的关系紧张起来。

并且，大声说话、行为激烈也容易让你自身的情绪激动起来，这既不利于阐述自己的观点，又容易做出不当的言行，进而产生不良结果。

注意事项2：保持“接纳”的态度

无论对方的观点是否正确，你都要保持着“接纳”的态度。这里的**“接纳”不是要你认可对方的观点，而是保持着“原来他是这样想的”的想法去听、去理解对方的想法。**

只要有了这种想法，就不会因为对方与自己的观点不同而生气，甚至急不可耐地打断对方的发言，要知道，这可是非常失礼的。

举个例子，作为人事部职员的你觉得刚空出来的业务2部的主任一职最好由年轻、有冲劲儿的人担任，但另一位人力管理专员却认为应该提拔年长、有资历的人。显然，如果是其他部门，提拔年长有资历的人是个很不错的选择，但业务部更需要活力，所以年轻、有冲劲儿的人担任主任更加合适。此时，你先别忙着否定对方的想法——“真是搞不清楚状况！这是业务部，又不是其他部门”，你要试着去理解对方的想法，看看他为什么这样想——“原来他是这样想的，不过他为什么会觉得年老的人比较好呢？”

“接纳”的态度不仅有利于双方的意见交流，更能避免彼此产生摩擦。

注意事项 3：越是正确，越要谦逊

因为自己的观点正确，所以很容易打着“正义”的旗号张扬行事。但正因为你的观点正确，才更要表现得谦逊。要知道，对方观点错误、未被采纳，本就失落，此时你再张扬行事无异于火上浇油，自然就会被蔓延的火势波及。

具体地说，即便你的观点是正确的，此时也不要“理直气壮”，而要“理直气和”——说话声音小一点，语气温和、谦虚一点。

越是不要紧的约定，越要遵守到底

在职场上和工作中，被信任是非常重要的。被信任意味着拥有更多的机会、更多的助力以及做出更多成绩的可能。那么，人与人之间的信任从哪里来呢？信任不会凭空而来，甚至可以说并不容易建立。

人与人之间的信任，往往是通过日常中的各种小事建立起来的。遗憾的是，被我们忽略的通常也是小事。

A 先生：“有件事儿得请你帮个忙，你的市场数据资料发给我一份，我参考一下。你看行吗？”

M 先生：“资料还有部分数据没有整理好，等我明后天整理好了再发给你吧！”

然而，几天后，M 先生因工作繁忙忘记了答应 A 先生的事情。A 先生只好再次向 M 先生索要资料。

A 先生：“老 M，市场数据资料弄好了吗？发给我一份啊！”

M 先生：“呀，我忘记发给你了。已经弄好两天了，一忙就忘发给你了。我现在马上发。”

A 先生：“那你赶紧发给我吧。谢谢了！”

给同事发送数据资料是一件非常小的事，即使最后 M 先生没有遵守约定也不会对 A 先生产生多大的负面影响，更何况最后虽然没能按时，但 M 先生还是履行了自己的承诺。那么，这是不是就意味着 M 先生的做法并没有什么不妥呢？**再小的事情，只要约定了就应该严格遵守、遵守到底。**倘若不能严格遵守，难免给人留下不靠谱的印象，试问谁会在重要工作上与一个不能遵守约定的人合作呢？谁会愿意将机会给一个不靠谱的人呢？遗憾的是，我们中的很多人都扮演着“M 先生”的角色。

相反，如果能够严格遵守约定，即使再小的事情也能够给对方留下“值得信任”的印象。在各种各样的小事中，你会积累起越来越多的信任，对方会认为即使是更重大的约定，你也绝对会遵守。

“明天，我把我订的《预防医学》带给你看看，你可能会找到需要的信息。”

“不用啦！”

“没关系，不费事的。”

这虽然是无关紧要的约定，可是如果你能够切实遵守，一定会让人倍感温暖。切实遵守这种无关紧要的约定会让人对你肃然起敬。

在职场上，取得信任比什么都重要。遵守无关紧要的约定，这

就是在人际关系中简单却最重要的秘诀。

约定就是契约，你不可以随便爽约或违约。当然，有时候也难免会遇到无法遵守的情况，一旦遇到这种情况，一定要及时通知对方，并将原因解释清楚。

临时取消约定的人之所以会被人讨厌，是因为比起工作能力，人们更重视人品的好坏。而更让人讨厌的是拖延——既不履行约定，也不做出解释，没有人喜欢总是牵挂着一件事的那种不上不下的感觉。

因此，**如果无法在约定的时间，以约定的方式履行约定，一定要及时告诉对方，并将原因解释清楚，这样反而能得到对方的信任。**倘若因为难为情，或者出于弥补的心理想要等到能够履行约定了再向对方解释，则会错失对方的信任，会让事情变得更加糟糕。

不懂说NO，就别想成功

就算对方的要求再怎么无理，你还是不敢拒绝。那是因为你考虑的不是如何才能更有效率地工作，而是担心别人会生气。

“不答应的话，领导也会有看法吧？”

“拒绝的话，会得罪其他人吧？”

通常来说，这样的人很难在事业上有所建树，因为他们只是人际交往的“奴隶”，无法和他人站在平等的立场上去沟通，也不能承担应该承担的责任、争取应该获得的利益。

如果你将对方奉为神明，你就只会一味顺从；如果你保持“千万不要得罪人”这样短视近利的想法，就无法判断大局；如果你执着于部分，就无法看见整体；如果你不懂说NO，就无法做出真正有利的选择。

很多时候，轻易地妥协是一件危险无比的事情。

“这样的事情也能答应，真是太没有原则了，难当重任！”

“他一定不会拒绝我的，他从没拒绝过别人。这样累人的事情就交给他吧！”

……

如果不懂说NO，类似这样的想法就会不停地从他人脑子里浮现出来，不仅无法给他人可堪大任的印象，还会让很多只“猴子”跳上自己的背，增加自己的工作负担。

不过话说回来，冷淡地频频说NO也不可取，这样会弄僵与他人之间的关系。真正有能力的人、能够独当一面的人往往都精通说NO的技巧。越能聪明地说NO，工作压力就会越小，并且工作效率也会越高。

技巧1：聪明说NO的重点在于正向否定

举例说明一下。假设同事希望你能提前为某位客户发货，这时如果立刻说NO，会让对方觉得你只站在自己的立场，不曾为他着想。因此，必须让对方彻底了解你做了哪些努力。

你可以说：“我会立刻催促工厂，让他们进行调整，尽量缩短工期。可是无论再怎么拼命赶工，最快也需要3天吧！”或者反过来说：“提前发货应该可以，我催一下工厂。不过能不能请你也联系一下客户，请他宽限几天，毕竟要按他说的期限，即使拼命赶工也很难交货呀。”

这就像玩抛接球一样，重点是不断抛球给对方，让对方接球。

你只管抛出提案，最后决定接或不接是对方的事情。这样既能让对方了解你的立场和难处，以便达成谅解，又能不着痕迹、不惹反感地拒绝对方。

技巧 2：寻找对双方都有利的方案

“这个月有一天早上堵车，我迟到了1小时，能不能忽略不计呀？”当有人提出这样的要求时，如果立刻回答“好”，只会让人怀疑你的工作原则。这时不妨寻找一个对双方都有利的方案——你可以刻意陷入思考，而不要正面回答，要知道，让对方等待也是一种委婉说NO的方式；接着，你可以提出一个有利于双方的建议：“我可以帮你向我们主管申请，你知道考勤表是需要我们主管签字的。你工作表现一直很好，我们主管一定会同意的。”

当对方的要求让你为难时，千万不要一股脑儿地接受对方的要求，请务必思考“怎么做才能创造双赢，让对方和自己都获利”，然后提出建议，这样职场关系才能长久。如果无法对双方都有利，就代表其中一方会吃亏，那么这样的关系是无法长久维持下去的。

Part 5

思考整理：成为最睿智的上班族

果断做出决定：行动与否要在3秒内下决定。不要苛求完整信息，最多收集60%的信息就得做出决断。朝令夕改不可耻，懂得变通最重要。

运用直觉的力量：直觉并不是儿戏，而是累积了大量经验的大脑思考的产物。学会运用直觉的力量会让你避过许多危机，也打开工作新局面。

创意的简易获得法：走出去看看不同的世界；从眼前出发，以“最单纯的需要”为基础去思考。

别过多思考，行动与否3秒决定

职场中的很多人，尤其是年龄偏大的人都喜欢“谋定而后动”，习惯把所有信息都了解清楚，所有的情况都预想到以后才开始行动。这样做的确很沉稳，可是在这个瞬息万变的年代，过多的思考显然已经有些不合时宜。

N先生曾经是一名采购经理助理，后来他跳槽到另外一家公司当小职员。那么，是什么让他愿意放弃高职位的呢？

还是助理的时候，M先生一度心情烦躁、精神不济。因为他的上司总是在思考，却很难决定采取行动，他从不表示“做”或者“不做”。经理不明确下达指令，M先生只能卡在中间不知所措，眼看着时间白白溜走。

就算M先生催促经理做决定，很多时候他都会说“信息不足，再等等看吧”或者“让我再想想”，而M先生认为这只会将事情拖入一个尴尬的境地。为了自己的职业前景，他选择了跳槽，哪怕职位要低很多。

其实，工作只要掌握60%左右的信息，就完全可以下决定开始行动了。在这个“光速时代”，等到掌握70%~80%甚至90%的信息后才决定行动，往往为时已晚，很可能已经被竞争对手抢了先。

“谋定而后动”并没有错，但过度思虑就会错失机会，更会给自己的工作伙伴带来困扰，就像M先生的上司那样。

其实，做出决定后，思虑不周全、信息欠缺的地方完全能够在“边行动边思考”的过程中补足。

“那个项目你要做吗？”

“已经开始做了。”

“哦，行动真快！我听说……”又或者“那真是太好了！不知道你有没有考虑……的问题！”又或者“是吧，你知道××也做了一个类似的项目吗？我跟你说……”

就像这样，各种相关的小道消息、思考建议、引发你思考的因素都会不知不觉地流入，而你的思考也会越来越完善。在这个过程中，如果你产生了疑虑，甚至觉得继续采取行动并不正确时，那就果断叫停吧。正所谓“识时务者为俊杰”，朝令夕改并不可耻，懂得随时变通才是最重要的。

快速决定行动与否，然后一边行动一边思考的模式，更适合这个瞬息万变的时代。

如果每件事情都经过深思熟虑之后才决定行动与否，很多时候会来不及。就算赶在竞争对手之前或期限前完成，也会因为行动时间有限而得到类似“效果欠佳”或“不好意思，我觉得另一家公司做得更好一些”的评价。虽然付出了时间和精力，却无法取得好的结果。

此外，如果你决定不行动，那么势必要为合作伙伴、下属或自己做出解释。此时，你可以说：“如果在……情况下，还是很值得尝试的。”**即便决定不行动，也要乐观地提案。**这样不仅能够将这种积极传达给他人，以便形成积极的工作氛围，而且也能引导自己进行积极的思考，提升自己正确决断的能力。

总的来说，所有工作都不会突如其来，都会有“伏笔”和“布局”。在你思考行动与否之前，工作就会以各种形式降临在你眼前，有了这些“伏笔”和“布局”，你完全可以在短时间内决断，而这对工作取得成效来说是至关重要的。**与决断正确与否相比，能否果断地下决定更加重要。**

预先考虑到好、中、差3种剧本，就不怕失败

当危机降临，该如何临机应变呢？

通常来说，事到临头才想该怎么办，大脑通常会一片空白，行动上也会慌张无措。其实，**应对危机最好的办法就是预先考虑好“剧本”，即预测结果。**正所谓“有备无患”！

所谓剧本，其实并不复杂，反而相当简单。大致可以分为以下3种。

剧本1：希望能有这样的结果

首先，对结果一定要有一个乐观的预测。例如，“希望最后……”“如果一切顺利，到时候……”等。对结果抱有高度期待，这种乐观是非常有必要的。毕竟，人总是更愿意投入时间和精力给那些看起来更有可能成功的工作。

需要注意的是，要分清“希望”和“妄想”之间的区别。希望是对现实情况的最好预期，而妄想则是完全脱离实际的胡思乱想。妄想往往会带来行动上的偏差，从而造成更大的失败。

剧本 2：应该会得到这样的结果

这是正视现实的过程，从而做出客观、合理的预测。例如，“上个月市场反应不错，照这样下去，应该……”“现在情况良好，接下来应该……”“下个月国家的 ×× 工程就会启动，应该……”等。以过去、现在的实际情况以及未来的可能情况作为思考的依据，得出符合现实情况的预测。

然而，不管过去和现在有多好，未来的可能情况有多乐观，未来就是未来，总是充满了不确定性，具有一定的风险。

剧本 3：弄不好会变成这样的结果

因为未来充满了不确定性，所以必须思考可能发生的最坏情况，做出最坏的打算。例如，“如果不顺利的话，很可能出现……的情况”。当然，最坏的事态很可能超出预料，变得更加严重。不过做出了预测，即使预测程度不足，应对起来也不会手忙脚乱。

事先考虑到好、中、差这 3 种剧本，就能做到占尽先机，也就更容易在工作中取得成功、规避风险了。

那么具体来说，该如何“撰写剧本”呢？我们可以按照以下 5 个步骤来思考。

①目标——必须确定事情的终点，也就是最后会取得什么样的结果。比如，剧本 1 是取得好结果，但仅仅这样是不够的。你得思考得更加具体一些，如要在什么时间与什么人取得怎样的成绩（例如，下月销售额要达到 ×× 万元）。

②**条件——要取得结果，需要满足哪些条件。**同样地，也要尽可能思考得具体一些。比如，要想下月销售额达到 ×× 万元，那么就需要：公关部、杂务部、运输部、采购部密切合作，月中要搞一次大型促销活动，团购的销售量至少要达到……

③**优先顺序和时机——决定先做什么后做什么，哪个条件更加重要就从哪个条件开始着手去满足。**比如，对于销售额来说促销活动是关键，那么就先策划好促销活动，**同时还要确定每项行动的具体实施时间。**比如，联系其他公司或单位进行团购推销，确定在什么时候进行。

④**可行性——结合实际情况思考那些必要的条件是否能够达成，达成概率有多大。**通过这样的思考，你会了解好、中、差 3 种剧本各有多大成为事实的可能，会对整个形势有更好的把握。

⑤**后续处理——思考好、中、差 3 种剧本如果变成事实自己要如何应对。**想想每种剧本变成事实后你要如何应对、反应，提前制定应对措施，这样能使你面对惊喜时不忘形，事态在意料之中时更从容，事态变坏时不慌张。

只要能够按照以上步骤思考清楚好、中、差 3 种剧本，你就能做到成竹在胸，无论事态如何发展，都可以及时做出最好的应对，不再惧怕失败。

直觉——大脑的SOS

T 经理是一位非常有经验的人力资源主管，但是他却做了一件让人不解的事情。

有两个财务部职员岗位的候选应聘者，其中一位是财经大学硕士，有 3 年半的相关工作经验，人也很会说话，谦逊有礼；另一位是三流大学本科毕业，工作经验不满 3 年，人看起来有些内向。这种情况下，作为人力资源主管，绝大多数人都会选择前者。然而，T 经理几经思考后最终选择了后者。

有下属问 T 经理：“经理，为什么要选那个本科生呢？我觉得那个硕士生或许更能胜任工作。”

T 经理做出了这样的解释：“我始终感觉那个硕士生有点儿不对，觉得那个本科生更靠得住。”

后来，他们发现那个硕士生在上一家公司工作时有挪用公款的行为，并且因此被辞退。而那位本科生在工作中则表现得很沉稳、可靠，并且业务能力也提升迅速。

T经理的解释是不是让你觉得不可思议？作为一名资深的人力资源主管，竟然凭借直觉来做重要决定，这会不会太儿戏了呢？

实际上，**直觉也是思考的一种方式，在关键时刻，它甚至比理性思考更加可靠。**

以T经理为例，他接触过形形色色的应聘者，这些经验都是非常有价值的，因为在这个过程中，大脑会不断整理出“这种类型的就是这种人”“那种类型的人就是这种个性”等信息。这些分类方式或许并没有什么规律可循，但准确率却高达80%。

工作中光靠理性分析有时候并不能带来什么帮助。**当理性思考力有不逮时，大脑就会亮起“SOS”，接着直觉就会起作用。**比如，危急时刻，你根本来不及去进行理性思考，甚至你的大脑已经乱作一团；又或者，经过理性分析，发现几个备选项的情况都差不多，你不知道应该如何做决定。此时，直觉就成了可以依靠的帮手。

当然，直觉也是不能乱用的。直觉与理性思考不同，它并不存在于人的显意识中，而是存在于人的潜意识之中，它是一种综合能力。人在生活工作中利用五感去看、去听、去感受、去体验，在累积大量的失败和少数的成功经验后，才会拥有这种能力。换言之，**经验是培养直觉的土壤，经验越丰富，直觉的准确率也就越高；反之，直觉就不那么可信了。**

因此，在自己经验丰富的工作上不妨大胆地运用直觉；相对地，在自己不那么熟悉的领域就要谨慎了。经验丰富的围棋大师，即便不经过周密的计算，凭借直觉也能下出让人惊艳的棋路，但新手凭直觉却下不出什么好棋。不以丰富经验为基础的直觉，只能称为

“胡思乱想”。

那么，要如何磨炼直觉，让它更加准确呢？工作、学习、阅读、听音乐、旅行……所有体验都会形成直觉，五官接触到的一切信息都会成为培养直觉的养分。

脑力激荡，碰撞出美妙的思维火花

一个绝佳的提案，一个备受好评的企划，一个让人激动的决定，一个令人期待的计划……这些是怎样产生的呢？

通常来说，无论一个人多么博学，他也不容易想出让人眼前一亮、拍案叫绝的想法。相反，众人聚在一起，大家你一言我一语，很快就会有惊喜出现。

A先生是一位非常成功的电视制作人，他负责的几个电视节目都拥有很高的收视率，备受观众喜爱。每次策划节目的时候，他都会把部门的所有人召集到一起，要大家说出自己的主意，每个人都必须说出至少10个主意。

“现在减肥和健康非常盛行，不如就做健康机智问答吧！”

“历史如何？最近几乎每个电视台都在播大型历史剧，很多观众也在讨论历史话题。做一期关于趣味历史人物的机智问答吧！”

“不要正确答案，只要搞笑答案的机智问答，怎么样？”

“不要正确答案，只要驴唇不对马嘴的答案，也不错。”

……

每次都是这样，大家轮流抛出自己的想法，集思广益、持续寻找，很快，A先生就能找到让人惊喜的方案。

事实上，A先生这种**由一个想法创造出更多想法的方法，就是“脑力激荡”**。脑力激荡是于1938年由美国学者奥斯朋所创，它以创造性想法为手段，通过集体思考使大家发挥最大的想象力，利用一个灵感激发另一个灵感的方式产生创造性思想，并从中选择解决问题的最佳途径。通过以下清单，我们可以对脑力激荡有一个简单的了解。

○脑力激荡的目的	①找到新的、好的想法 ②引发超乎想象的绝佳想法
○脑力激荡的效果	①使思维更加活跃、具有创造性 ②充分交流，了解他人的想法
○脑力激荡的方法	①决定主题 ②自由发表意见 ③重视随意想到的想法 ④不批评 ⑤鼓励发表意见，即使意见不靠谱

脑力激荡的关键在于绝不要批评他人的创意，因为批评会妨碍他人的创造性思考。为了让脑力激荡来得更加猛烈一些，我们应该积极地肯定他人的想法。

脑力激荡最大的障碍就是“负面意见”。在大家讨论的过程中，只要有一个人老是打断别人的意见，讨论就会变得越来越没劲儿，到最后所有人都只能大眼瞪小眼，这非常糟糕！

“我觉得可能没办法实施。”“我也做过类似的尝试，结果失败了。”“会超出预算的，不可行。”“听起来很傻的样子”……这些负面意见就像一盆冷水一样，会瞬间浇灭已经碰撞出的火花，而那些即将出现的火花也会灰飞烟灭。

要想通过脑力激荡获得绝佳的主意，整个讨论过程必须建立在“彼此肯定”之上。不否定他人的发言，利用“不错”“很有趣”“太棒了”这些正面的回应让对方火力全开，激荡出惊人的想法。

然而最令人头疼的是，有不少人，别人不否定他的想法，他反而自我设限、自我否定——“不可能做到的。”“这种说法一定会被笑话的。”“没办法了。”“说出来，我的想法也不会被采用的。”……

与其这样苛求自己，让自己如履薄冰，不如换一种思维——**“就让我愚蠢的想法成为话题的开端吧！顺着我的想法，没准儿别人就会想出非常不错的主意，我也会成为辅助大家的功臣。”**如果这样想，就不会再不停地自我否定了。

现在，就开启一趟脑力激荡的旅程，让它带你找到绝佳的主意吧！

发现好创意的栖身之地

“我要从与过去截然不同的角度去思考，从而获得绝佳的创意。”

“我要让我的观点独树一帜、与众不同。”

工作中，我们常常绞尽脑汁去寻找一个好创意，然而事实却是越这样想，就越想不出。这是为什么呢？其实，大脑 97% 的工作都是在做反复思考，思考相同或类似的事，只有 3% 的思考能够找出与以往不同的创意。

△掌握切入点，创意就会源源不断

那么，要如何激活这 3% 的思维呢？不妨参考下面两个方法。

方法 1：跳出圈子，尝试全新的工作和生活习惯

想要激活那不常用到的 3% 的思维，就需要新的外界刺激，而新的外界刺激需要从新的工作和生活体验中获得。

举个例子，你是一位出色的家居设计师，你的设计一直备受女性的喜爱，但你想要做一个与以往不同的创意设计。此时，你就需要尝试新的工作和生活习惯，以便给大脑新的刺激，激活那 3% 的思维。具体地说，你可以：

①去养老院或幼儿园，与和自己年龄差距大的人交朋友。

②去体验异性喜欢的电影、电视、食物、运动或其他爱好。

③出席一些有意义的场合或活动。

④与异性、外国人、有钱人或穷人交朋友。

这里所谓的“交朋友”，指的是“融入其中”。不是以“异类”的身份与他人相处，而是试着让自己成为对方那样的人。这么一来，你不仅会发现许多截然不同的资讯和信息，也会拥有全新的体验，而这些刺激就能激活那 3% 的思维。

方法 2：找到“切入点”，灵感就会源源不绝

你一定有过类似这样的经历，一个问题怎么想也想不明白，突然别人的一句话让你恍然大悟。你感叹：“听他这么一说我才恍然大悟，为什么我之前怎么想也想不到呢？”

如果对方提出来的是你绞尽脑汁也想不出来的创意也就算了，

但如果只有一线的距离，而你的脑袋就是想不到，那真是太让人沮丧了。

其实，**好的创意不在遥不可及的地方，而是近在眼前。**

只要细心观察事物，掌握“切入点”，你就能很容易想到好的创意。千万不要从零开始绞尽脑汁，而要试着观察眼前的风景，找出不同的地方与价值，好的创意自然就会找上你。

创意丰富的人总是不断寻找不同的“切入点”。他们会持续盯着某个东西（切入点）陷入沉思（集中），同样地，也会去联想许多其他的事物（扩散）。在集中与扩散间自在活动的同时，脑海中就浮现出了许多创意。

举个例子，你要为某传统化妆品品牌的一款面膜设计包装，搜集以往的包装设计或者市场上同类产品的包装，缠枝、仕女等具有传统、古典气息的设计应有尽有。这个分析总结的过程就是“集中”。接下来你会思考：“包装要与以往不同，要更漂亮、更女性化→女人喜欢什么呢，什么更能代表女性呢→答案是旗袍→应该包含面膜的产品元素，那么三个穿着旗袍的女子在摆满化妆品的梳妆台前使用面膜、交流使用心得的场景就很不错→画面还要丰富一些，加个屏风背景吧→包装整体着色要雅致、丰富→找模特拍实物很难做出那种韵味，那么就用手绘吧……”通过这样的“发散”过程，那个绝佳的创意不就已经成型了吗？

总的来说，**与其独自苦思，不如“走出去”看看不同的世界；与其从陌生领域寻找创意，不如从眼前出发。**

思维转换，创意立现

在工作中，我们时常会碰到一些难以突破的“瓶颈”。之所以难以突破，是因为人们的思维只在同一角度停留。如果你能换一换思维，就会有新意产生，问题也会迎刃而解。

“草船借箭”的故事就是很好的证明。周瑜限定诸葛亮 3 天内造好 10 万支箭，否则砍头。这对普通人来说谈何容易，但诸葛亮却谈笑风生，开着草船到曹营外喝了一顿酒，就把 10 万支箭轻松“借回”。他靠的是什么？靠的就是思维转换——造不出来，那就去“借来”。

许多时候，事情并没有难度，可是我们却做不好。究其原因，是我们过于相信或无法相信自己的力量，没有进行认真的思考。在错误的时间、错误的地方，用错误的策略做了错误的事，最终只能收获一个错误的结果。任何时候都不能忽视思考的神奇力量，思考有助于提高效率，思考能够让你用对的策略做对的事，思考能够使你创造奇迹。

A 城图书馆建了一座非常漂亮的新楼，准备整体搬迁过去。但是图书太多，并且很重，如果搬过去，预算为350万美元。馆长头发都要愁白了，去哪儿筹这么多钱呢？后来有个聪明的年轻人给馆长出主意，说：“你给我150万美元，我帮你搞定，但前提是你不能管我这150万美元怎么用、花多少，还得签个合同。”

馆长一琢磨，150万美元和350万美元相比，节省了200万美元，很值啊，所以就把合同签了。年轻人的办法简单得不得了，他以图书馆的名义在报纸上发出了一条惊人的消息：“从即日起，A城图书馆免费、无限量向市民借阅图书，条件是老馆借出，新馆归还……”就这样，这个年轻人花了不到150万美元的一个零头就完成了这个看似不可能完成的任务，自己也摇身一变成了百万富翁。

许多问题悬而未决，究其原因就是人们的思维被惯性思维所束缚。思维转换中最重要的一个字就是“转”。从一个角度到另一个角度，需要“转移”“转弯”“转变”……要换个角度思考问题。

“不识庐山真面目，只缘身在此山中”，要想“转”得富有成效，就要跳出现实情境，转换思路、转变角度。有时候你对某些问题百思不得其解，困苦不已，这时候就需要我们转换思路，换一个角度思考问题，困难的问题也许很快就会迎刃而解。

许多时候，那些最有创意的解决方法都来自换一个角度思考问题。对待同一件事，从一个角度看无法解决，而从相反的角度看却变得十分容易。那些最尖端的科学发明往往是在换一个角度看问题后诞生的，所以爱因斯坦说：“把一个旧问题从新的角度来看需要创意和想象力，这成就了科学上的进步。”

同样地，**也正是思维上的转换成就了我们工作上的进步。**那么，如何来让思维转换呢？下面这些建议很值得参考。

①拒绝模仿。一些人习惯于模仿，不敢创新，或者说不愿意创新。这些人的头脑中关于得失、是非、安全与冒险等指标判断的标准已经固定，这使他们常常不能换一个角度来想问题。

②平时我们之所以不能创新或不敢创新，常常是因为我们从惯性思维出发，在面对未来时顾虑重重、畏首畏尾。而一旦把同一问题换一个新的角度来考虑，你就会发现很多新的方法。

③在做计划的时候，如果有可能，多做一些预备方案以应对随时可能出现的问题。

④细节方面永远需要关注。有时候遇到困难了，不要一味地考虑全局，而要从细节入手，结果可能会像找到线头一样迅速解开一切。

⑤要持之以恒，多加积累，多做总结。

安全专家在研究如何改善汽车的安全系统以保护乘客撞车后不受伤害时，换了一个角度思考这个问题。即不再去想如何使乘客更加牢固地被绑在车上，而是去想如何设计车子的内部，使人在车祸发生时最大限度地减少伤害。结果，安全专家不仅成功解决了问题，还开启了汽车设计的新思路。

当遇到问题时，你必须懂得换一个角度思考解决问题的方法。许多时候，换一个角度考虑问题，情况就会发生改变，新的局面也会由此打开。

思想有多远，路就能走多远

通过前面的几个章节，我们渐渐学会了关于时间、效能等多个方面的管理技巧。工作上轻松了许多，时间上也不会再紧张，偶尔还会有提前完成工作的时候。那么这个时候，我们是要闲下来无所事事呢，还是提前开始明天的工作任务或者做其他的事情呢？

这时候，估计每个人都有自己的安排，但是，那一种方法才最合适、最有益于自己的职业生涯发展呢？其实，这也需要静下心来认真考虑一番。

当工作紧张的时候，我们常常抱怨自己没有时间，没办法为自己的未来多做些打算，想一些更长远的计划。那么，在某一天工作任务比较少，你能够提前完成并且没有其他紧急事情的状态下，不妨就来想一想自己的职业规划或人生计划，根据自己目前的状况和想要达到的高度，来给自己制订一个更长远的计划，去完善自己的人生。

许多人步入职场后，在某一个工作岗位上做了很长一段时间，并且渐渐地对工作中的各项事宜都熟悉之后，就懒得再去做一些改变了。但这种想法往往是我们工作和前进的大敌。

若是没有合理实际的规划，很可能在某一天，我们就会突然停滞不前，或者被后来者所取代，抑或变得没有动力、没有计划性，每件事情都做不好。

其实，许多人在下班之前都能够将一天的工作完成，但工作结束后的这段时间里，因为一天的劳累，常常无心再去做别的事情。这个时候，不妨利用这段时间来进行思考，集中精力为自己做一个比较长远的打算，为自己的职业生涯做出更好的规划。

长远计划可以让自己认清目前的形势，找到自己的兴趣点，从而为自己挑选最合适的出路，从事自己最擅长并且最有益于自己发展的工作。

要想在工作岗位上有所作为，打造一个完美的职业生涯，我们就要学会认真思考，适时给自己制订合适的、较长时期的计划，激励自己一点一点地进步，最终达到自己理想的高度。而在制定长远目标的时候，需要注意下面的一些问题：

①每天抽出几分钟做个总结。

②整理出自己最擅长和最不擅长的工作，扬长避短，弥补不擅长的地方，对于擅长的也要加强巩固。

③为自己制订一个近期的、相对长远的计划，如两个月或半年内要完成的计划。

④像前面提到过的那样，将长远计划逐步分解，每天完成一部分。

⑤可以针对自己的工作性质和所需要掌握的技能来安排自己的

人生规划。

⑥即使是自己不感兴趣的，但若目前工作需要，也要认真去弥补不足。

⑦知道自己的发展目标，然后以此为契机努力改善。

不论工作时间长短，我们都要为自己以后的发展做些适当的规划。给自己制定明确的目标，然后监督自己每天完成一些，将看似不可能的长期计划分解成很多小部分，逐步实现。

如果没有切实可行的目标做驱动力的话，人们是很容易对现状妥协的。而且要切记，**有效的职业生涯设计，必须在充分且正确认识自身条件与相关环境的基础上进行。对自我及环境的了解越透彻，越能做好职业生涯设计。**并且你需要切实可行的目标，以便排除不必要的犹豫和干扰，全心致力于目标的实现。

Part 6

物品整理：工作空间必须井井有条

工作的断、舍、离：必需品混在杂物中会打乱工作进度。整理就是丢弃，工作能力强的人会丢掉名片，只把关系留下来。办公桌只留计算机、电话、便利贴、月历，其他全部丢掉。

高效率笔记术：笔记本左右摊开，左页记录演讲内容，右页则是自由联想空间，所有想法、灵感、提案、企划、联想……都随心所欲地写在这里。

灵活运用便利贴：随用随丢，高效又不占用空间的便利工作工具。

断、舍、离，工作中也需要

山下英子的《断舍离》一书，因其为不擅长整理的人创立实用的整理术，给他们的生活方式带来改善，而获得了世界各国众多读者的推崇。在书中，山下英子结合瑜伽中的“断行”“舍行”“离行”建立起一套整理术，见解非常独到。

工作中的你我也可以从中获得珍贵的启示，那就是，**断、舍、离＝戒掉坏习惯＋舍弃不需要的东西，也就是脱离对物品的执着。**

为什么要脱离对物品的执着（执着地储存物品、执着地寻找物品）呢？举个例子，我们常常会翻遍每一个角落来找一件东西。我们感叹东西真是太多了，想从里面找到需要的真是太不容易了，接着一找就是几十分钟，甚至几个小时，大好的时间都用来找东西了，最后如果东西找到了还好，如果仍旧没有找到，往往会心情烦躁，没有状态工作。但是，那么多的杂物为什么都要留着呢？不但占空间，而且找需要的东西时还麻烦。要寻找的东西真的值得我们花费时间和精力吗？又或者，找不到它是否就真的没办法继续工作了呢？

一年前的行业期刊，实在没有必要还留着；已经有了新版的词典，老版的还留着干什么呢；运输公司电话找不到了就问一问同事吧；忘记了上季度的公司统计数据放在哪里，就到公司内部网页上查一查，没必要非找到那几张纸……

东西太多时，整理起来又费时间又没有效果，因为不论是否整理，你都不会记得它们在什么地方。而我们执着要找到的东西其实并不那么重要，即便找不到也可以采用其他的方式将工作继续下去，又或者这个东西完全可以从其他渠道获得。

既然对物品的执着丝毫没有意义，为什么还要继续呢？不如果断地丢掉吧！简单地说，**工作中的断、舍、离的重点就是“丢掉”——丢掉“不会再用的物品”，丢掉“别人有的物品”，丢掉“还会再得到的物品”，丢掉“不会马上需要的物品”。**

“丢掉”不仅会减少物品的存量、节约空间，也会为我们节省下“找东西”的时间。因为我们之所以会东翻西找，不停地问“那个东西究竟跑到哪里去了呢”，是因为“那个东西一定就在某个地方吧”。如果那个东西已经被丢掉，你就根本不会花时间去找。也就是说，如果想避免东翻西找的麻烦，不如直接将东西丢掉。

工作能力强的人往往习惯随时“整理”手边的书籍、信件或名片。换句话说，他们在把有用的信息存进计算机后，名片、书籍、信件都会被毫不犹豫地丢掉，因为这些东西他们不会再看第二遍；公司发下来的年度总结资料，看过以后，他们也会干净利落地丢掉，因为这些其他人也有，以后需要的时候可以求助他人，或者直接在公司内部网站上查阅；多余的文件他们也会丢掉，反正只要再打印就可以了；短期内都用不到的培训资料他们也不会保留，因为要过很久才会用到。

为了节省时间、简化工作，不要迟疑，将该丢掉的通通丢掉就对了。

桌面零杂物，效率直通车

在工作中，如果你不懂得如何整理办公桌，那么你一定会吃大亏。假设你的抽屉里塞满了东西，没有空间放置杂物，于是你只好把很多东西放在办公桌上。办公桌上放了计算机已经让空间够窄了，再加上各种各样的杂物，或许连好好写个文件的地方也没有了吧！在这样的环境下，你的工作势必会被影响！

办公桌的使用方式会对工作的结果带来巨大的影响。对我们来说，办公桌就是“生产车间”，它可以帮某些企业的员工创下几十万元、几百万元，甚至上千万元的利润，所以，对待自己的办公桌，我们一定要重视，千万不要疏于整理。

整理办公桌的诀窍是选出现在的必需品，现在不使用，甚至未来也不使用的物品则可以丢掉或者送给同事。如果之后要使用，再向同事借就可以了。

Z先生是一名业务精英，他引以为傲的不仅仅是自己的业绩，还有自己的办公桌。他的办公桌无论什么时候看上去都整洁清爽，他自己也十分满意，他说："虽然桌子不是很大，但由于摆放的东西少，空间还是很大。这让我不仅能够精准快速地找到自己需要的东西，而且心情也愉悦。"

Z先生的办公桌上只会放6样东西：计算机，手机，座机，便利贴，旋转式名片夹，文具袋（包括笔、记事本、裁纸刀、订书机等）。

△办公桌上只留必须用到的几样东西

必需品如果混杂在众多杂物中，不仅会让办公桌凌乱不堪，更会打乱工作进度，让工作速度变慢。所以，我们一定要像Z先生一样只将必需品摆放在办公桌上。

那么，什么是必需品，什么又是不需要的呢？不少人时常搞不清楚这个问题，仿佛办公桌上的所有东西都是必需的，又仿佛有很多东西是多余的。要学会"需要／不需要"的分类处理，以下8个步骤非常重要。

①将现在办公桌上的所有东西一扫而空，全部放进一个大箱子里。

②从箱子中拿出目前工作需要用的物品。

③一个星期后，将几乎每天都用的物品整理出来。

④再分别整理出 2~3 天用一次的物品和一周才用一次的物品。

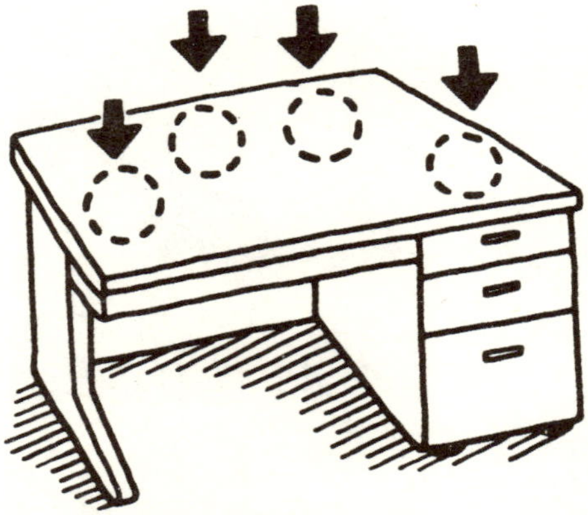

△根据物品的使用频率选择摆放位置

⑤将每天都要用到的物品摆放在办公桌上一伸手就能触碰到的中央位置。

⑥ 2~3 天使用一次的物品摆放在办公桌上“右手边”的空间。

⑦一周才使用一次的物品摆放在办公桌上“左手边”的空间。

⑧最后留在箱子里的就属于“杂物”，这些东西完全可以丢进杂物间或者转送给有需要的同事。

经过这样的整理，你会发现自己再也不会浪费时间在寻找物品上了，工作进程更加顺畅，效率得到了明显的提升。整洁的办公桌让你的心情也变得更加愉悦了。

让数字化成为你的得力助手

随着数字化时代的到来，我们的工作也逐渐向“无纸化”演变，越来越多的通信、文件、信息都采用了数字化的形式。然而，即便如此，我们每天仍会面对大量的纸质文件。这些文件堆积在那里，不仅占地方，看起来乱糟糟的，而且也不便于查阅，让你时常一边问“到底去哪里了”“奇怪，怎么不见了”，一边眼睁睁地看着宝贵的时间就这样被浪费掉。

△将纸质文件输入计算机，既节省空间又能有效管理

纸质文件，不仅整理起来费时费力，而且查找起来也很麻烦。与之相比，数字化的文件管理就高效多了。具体地说，不妨遵循以下几个步骤。

步骤1：将纸质文件录入计算机

数字化时代，如果因为工作中不是经常用到计算机（如做业务员或公关的），又或者因为不擅长或不喜欢使用计算机，而使用档案袋来管理纸质文件，你很容易埋没在堆积如山的纸质文件中，这并不是明智之举。除非你的时间真的多到可以随意浪费，否则一定要将纸质文件录入计算机，这样不仅节约空间，而且检索、查找起来也方便许多。

纸质文件可以丢掉，不过纸质文件上的信息可千万不能丢。这些信息可以全都录入计算机中加以管理，以便使用。

需要注意的是，这里所说的录入，并不是一一打字输入，你可以借助扫描仪、文字识别软件或者其他的读取软件录入资料。

步骤2：将文件进行分类管理

录入后，文件非常繁杂，有各种用途、各种类别。因此，一定要进行分类管理，这样工作会更加高效。

将文件分为“使用中”和“存档”两类。**与手头上工作相关的资料和数据，归类在“使用中”，并且在工作完成之前都先保存在这里；工作完成后，所有的文件和数据就都可以放到“存档”中了。**具体地说，不妨参考下图进行文件分类管理。

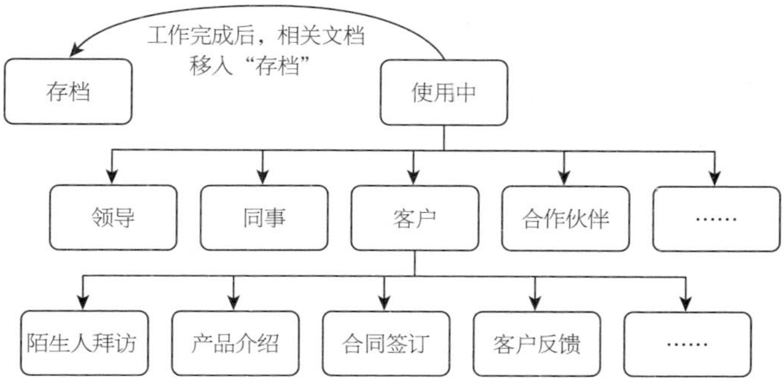

像这样，将“使用中”的资料和数据按照关联对象的不同进行分类，接着再按照功用的不同进行分类。这样，无论资料和数据多么繁杂，都能变得有条理，使用起来非常方便。“存档”部分完全可以参照“使用中”的分类管理来进行。等到工作完成后，只需将“使用中”的相关文件剪切到“存档”下面的相应位置就可以了。

当然，这并不是唯一的分类标准，你可以根据自己的工作内容和习惯进行分类，整个分类就像大树一样，越到后面越具体。

步骤 3：聪明地为文件命名

为文件取名，不是越简单越好，而是越具体越好。举个例子，“客户 1”与“× × 公司 × × 经理—需求调查—2015.3.21”相比，显然后者更加靠谱，只要一看文件名就知道文件的大致内容是什么。而日期也更有利于我们掌控信息的变化，使文件名更加具有参考价值。

学会聪明地为文件命名会提升你对工作的掌控力。**具体地说，**

文件名至少应该包括这样几部分内容：文件主体人物、功用、日期。比如，“××公司××经理”就是文件主体人物，“需求调查”是文件的主要功用，“2015.3.21”则是对应的日期。

经过筛选、分类、命名后，乱七八糟的各种资料和数据立刻就会变得有条有理了，而具体的文件也会变得“面目清晰”，这样你工作起来会更加顺利。

将繁杂的纸质文件建档、归类

尽管我们提倡将纸质文件数字化，进而简单有效地管理，然而，我们每天还是需要面对很多纸质文件。甚至在工作中，许多人每天早晨匆匆来到办公室后要做的第一件事，就是整理一下办公桌上的纸质文件——将已经做完的收起来，还未来得及做但是紧急的放到手边，暂时不需要去做的归到文件夹里，然后才开始按照日程表的计划进行工作。

然而这些整理并不是很系统，往往当做完这项工作，要去做下一项工作的时候，你还是要从一大堆文件里翻找出需要的文件。

可以想象一下，如果每天经常性地这样翻来翻去，那将是多么麻烦和浪费时间！若是把这些时间都一分不落地用在重要紧急的工作中，还会需要没日没夜地加班，甚至牺牲自己的娱乐休息时间吗？显然，我们需要一种好的纸质文件管理方法。

纸质文件管理技能是一种专业性很强、综合性很高的工作技能。对于大公司来说，文件的管理一般都有严格规定。小公司虽然管理模糊，但对于每一个高效人士来说，将自己周围的办公环境收拾得干净整洁、一目了然也是必需的。

很多时候，让你感到疲惫不堪的往往不是工作中的大量劳动，而是因为你没有良好的工作习惯，不能保持办公桌的整洁、有序，不能随手就找到自己需要的那份文件，从而降低了工作质量，加重了自己的工作任务，影响自己对工作的兴趣。

并且，倘若不懂得整理办公桌上的纸质文件，让小小的办公桌上摆满了各种文件，乱糟糟一片，那么那种经常碰翻咖啡杯或者碰撒一地纸张的“悲剧”势必会时常上演。**为了避免这样的“悲剧”，马上将各类文件资料建档归类吧，而不是一团糟地随意塞到抽屉或柜子里。**

把办公桌上的文件资料建档归类以便于寻找，是提高工作效率的首要法宝。干净整洁的桌面同时也带给人愉悦的心情。一天的工作结束之后，难免头昏脑涨、心情紧张，这时候，不妨拿出十几分钟来整理一下办公桌，对自己的工作做到心中有数，同时舒缓紧张的心情。

整理文件其实是整理工作的过程，将自己一天的工作都一一过目，同时也为第二天的工作做好打算，避免盲目。

细节决定成败。**整理文件这样一个小习惯，在领导看来却是一个良好的职业习惯，是走向成功的必要一步。**而要整理好自己各种各样的文件，下面的一些方法或许能给你带来帮助。

①批示完毕的文件一定要转交出去，绝不能在自己手里过夜。

②将一些重要却不经常用到的文件放进柜子里。

③暂时没有用的文件一定要存入档案柜，绝不能杂乱地堆在

眼前。

④将好几年前的文件扫描成电子版本或者存档，不要一直堆在办公桌上。

⑤对于需要处理的文件，一定要整理好后放在办公桌的显著位置，绝不能心中没数。

⑥将没有用的垃圾文件丢掉，清理一下繁杂的办公桌（电脑里的文件也是如此，该丢的丢、该存档的存档）。

⑦日常中需要使用的文件应该触手可及，转转椅子就能拿到。

⑧不属于自己工作范围内的文件立刻转手给相应的人员。

文件杂乱无章往往会让自己觉得有堆积如山的工作要做，可又毫无头绪，好像根本做不完一样。面对大量繁杂的文件，你根本无法感受到工作的轻松和快乐。

每天腾出 10 分钟时间整理一下文件，一方面可以梳理工作计划，另一方面又能优化工作空间，何乐而不为呢？

学会整理，摆脱“洪水文件”

工作中，我们每天都要处理各种各样的文件，日积月累，恐怕办公室里到处都堆积着文件。因此，许多人每天早晨匆匆来到办公室的第一件事就是整理桌面上的那些文件，但即使是这样，我们在寻找需要的文件时通常还是手足无措。

那些在你桌子上摞得高高的文件应该引起你的重视。如果每天你都要处理这些堆积如山的东西，那么你将根本无法集中精力去思考和处理更重要的事情。

梅尔·古兹到华纳·兰伯特药品公司任职时，该公司仅有 90 亿美元资产。在短短 7 年内，他将公司资产提升到 609 亿美元。梅尔·古兹在介绍自己高效率工作的体会时说，他刚接手这个重任时，做的第一件事就是把一大堆没用的文件整理出来。

人们每天都要花不少时间做这些事情：搬动一摞一摞让人一看就眼晕的白纸黑字的文件，一份一份地浏览分类，有时还必须回头检查是否有重要的东西。面对一大堆文件，人们常常觉得束手无策。

面对大量的文件，你必须花时间想想怎么处理。把属于自己工作范围内的文件留下来，其结果是自己的时间安排被弄得一团糟；把认为是属于别人分内之事的文件送过去，把别人的时间也打乱；再有就是把肯定没用的文件拣出来扔掉。当你忙完这些已经到了下班时间，其他事只好到明天处理。

大批堆积的文件，要是你拿它们没有办法，结果就是你自己成为牺牲品，被看上去不起眼的文件打垮。其实，**简化“文件洪水”处理的手段没有什么秘密可言，就是一定要想办法堵塞这些文件的源头。**

那么，如何才能处理好这些如洪水般的文件，从而将自己从“洪水”中解救出来呢？

①从现在开始，注意并分析那些被有规律地送来的文件、时事资讯、备忘录、报道、信件和垃圾信件，计算每天处理文件你要花掉的时间。然后再仔细判断有哪些文件可以丢弃，或者哪些文件可以忽略。

②对于报道或备忘录，可以只把有用的内容留下，联系那些给你送对你来说无用的印刷品或电子信件的机构，让他们把你的联系方式从列表中划去。

③取消订阅那些内容重复的时事资讯、杂志和商业性报刊。如果你没时间去阅览，那就更没必要订阅这些杂志。你应该这样看待这些杂志的价值：如果你没时间来看这些东西，说明它们其实不怎么重要。

④找出那些真正有用的材料，至于别的则可以理直气壮地丢在

一边不管。

⑤你完全可以在互联网上搜寻有价值的电子时事资讯、电子刊物和网上新闻。

⑥通过某一邮件途径，与同事以及下属职员们共享报刊与时事资讯，这样就在总体上节省了大量的时间。

工作能力强的人不会任由自己淹没在文件“洪水”中。如果每天都被“洪水”所淹没，那么你将永远没有出头之日。所以，及时调整自己的习惯，及时改变自己的工作方法是非常必要的。

高效率笔记术

会议中、洽谈时，我们都会进行记录。或者在影印资料上，或者在笔记本上，我们都会记录工作的关键点以及对工作有所帮助的信息。然而，能够真正从笔记中有所获益的人其实并不多。毕竟，又涂又写、乱糟糟的笔记你连看都不想看，更不用谈从里面查找出对自己有用的信息了。

要想使笔记成为工作的强大助理，你必须学会一些整理技巧。

技巧 1：不是只有主要内容才重要，细枝末节也不可忽视

许多人记录的时候，通常只是记录主要内容，而对象、时间、地点等细枝末节就被忽略掉了。短期之内，这或许不会有问题，但是等到一个月或几个月后就会出问题了。比如，工作中你猛然想到两个月前的一次洽谈中有人提到的一个想法，很适合当前的项目，你很想和对方做更深入的交流，却已经想不起这是谁提出来的了。这多么遗憾啊！

因此，为了让你的笔记更有价值，请务必不要忽视细枝末节。

不过是多添上几个字而已，你的笔记就会更有价值。

通常来说，笔记的基本架构应该是：**抬头写上时间、会议或洽谈主题**，如“部门季度工作汇总会议 2014.10.26”；**下面的具体内容应以“发言人＋关键字”的形式**，如“客户反馈不理想→挖掘客户深层需求→建立每周沟通交流会制度→……——公关部　2 组主管××”。

技巧 2：不要傻傻地照抄笔记，“联想”很重要

记笔记时，不要只抄录或者标出重点。这样除了能够让你回顾一下会议或洽谈内容之外，没有丝毫用处。

△一边是笔记，一边是联想空间

你可以将笔记本左右摊开，左页记录内容和重点，右页则是属于自己的自由联想空间。所有在洽谈、会议中产生的想法、灵感、提案、联想、设想、空想、疑问，都可以记录在这里。因为看的人只有自己，所以不用条理，不需要讲究文字优美，也不需要遵循什

么麻烦的规则，只要真实地记录心中所想就可以了。

内容可能是一个突兀的关键词、凌乱的草图、矩阵或是方程式罗列……这些在别人眼里不过是涂鸦，但是对你而言却是无法想象的“宝藏”，它们最后会变成你的灵感、企划和项目，会让你在工作中有所建树。

当然，想要把这些“联想”变成宝藏并切实地为你的工作带来帮助，**你不能把这些“联想”记录下来以后就不管了，一定要把它们整理一下，根据所属工作领域的不同、功用的不同，将它们进行分类，并储存进电脑里以便查阅。**

在整理的过程中，那些想法会更加清晰，你会更了解它们的价值，以及实现它们的方法与时机。

技巧3：选择适合的笔记本

笔记本并不是将白纸简单装订在一起就可以的。不合适的笔记本不仅会让你书写不畅，而且会增加你的记录量，你要劳心劳力地标注出标题、内容、备注部分，后期整理起来也不容易。因此，选择笔记本的时候一定要满足以下几个条件：

①尺寸最好为B5、A4或A5。

②纸质良好，容易书写（这一点非常重要）。

③每页上方有标题栏，下方有备注栏。

④每页都有裁切压线，方便撕下来扫描、影印或贴到其他某个地方。

不大不小的尺寸既方便书写记录又方便携带；良好的纸质是愉

快记录的保证，你一定无法忍受在会浸墨的、粗糙的纸上进行记录；而合理划分记录区域：标题栏、备注栏，则会为你节省下分配版块的时间和精力。

搜集并保留好用的办公模板

工作总结、思想汇报、各种报表……工作中，我们需要提交各种各样的文件和材料。面对永远也写不完的各种文件和材料，你是否觉得很头疼呢？你尝试着从网上搜索一些模板来简化文件制作工作，但提交的材料每每不是缺了这个信息，就是少了那个元素……

总之，由于没有合适的模板，时间浪费了，工作也没有得到肯定。**工作能力强的人会不断地搜集更新、更好用的办公模板。**

G女士是企划部秘书兼公司设计人员，每天都要为各部门做些PPT之类的工作总结或是工作报告，以及调研书、各类策划、计划报表等。所以，G女士的工作任务基本上就是围绕各种各样的文件和报表展开。数据和文字材料都是各部门事先准备好的，G女士要做的就是把这些材料重新组合一遍，做出一个完美精致的样子来。

但是，这份看上去很轻松的工作却常常让G女士忙得不可开交。例如，她接到一份为技术部制作技术报告PPT的任务，首先打开文件查看相关内容，然后确定可用的办公模板风格，接着去网上搜索，花上二十多分钟甚至半小时才能找到合适的模板，再急急忙忙开始做PPT。做完后立刻传给技术部，然后关掉，再看下一份报表的内容，确定其风格，上网搜索相应的可用模板，然后才能着手开始工作……

于是，本来很轻松就可以完成的工作，G女士却每次都要花费两三倍的时间才能有成效。其结果就是，一周下来，工作任务堆积如山，G女士只得利用晚上或周末的时间来处理，以确保自己不会耽误同事的工作。

一个多月连续加班而没有一天休息时间，G女士觉得劳累无比，心情和精神也差到了极点。G女士在这样的状态下工作，效率自然不可能高，于是，堆积的工作任务越来越多，眼看就要排到下个月去了，G女士焦急不已。

在一次员工大会上，G女士认识了总公司的企划设计人M女士。M女士的工作效率在公司是数一数二的，G女士羡慕不已，便利用午餐时间向M女士请教。M女士耐心听完G女士的倾诉和对工作流程的描述，向她提出了一个建议——注意保留搜集好的办公模板。这样，不论什么风格的报表文件，只要预先积累了合适的模板，工作时便不用再去花费时间搜罗，自然大大节省时间，工作效率也就提高了。

G女士按M女士的建议进行工作，一开始的时候虽然仍旧需要花费不少时间去搜集各种模板，但是，一段时间之后，就可以直接取用，节省了上网搜索的时间，工作效率也大大提高了。

相信大部分人在做PPT、报表、客户文档等工作时，如果能够有相关模板，而自己只需要按照既定的模板来进行工作的话，就可以节省大量时间，提高自己的工作效率。

因此，**工作中就应该养成搜集有效模板或表格样式等资料的好习惯。有了各种好的模板，不论是工作总结还是会议演讲PPT，做得精致了，不仅自己看着舒服，也会给领导留下一个好印象。**

合适的模板能够让自己心情愉悦，取得事半功倍的效果。精美的文件报表会让同事和领导觉得你是个细心的人。当然，这样做主要是为了提高工作效率，并且，同一个模板可以用在不同的场合。

那么，如何才能更好地去搜集整理常用的模板，从而更加高效地工作呢？具体地说，不妨参考以下方法。

①不论是自己还是同事用过的模板，都要先保留一份，而不要用过了就删掉。

②在时间紧张而没有合适模板的情况下，要懂得利用现有模板来创建新模板。

③网上搜集来的PPT模板，更要妥善保存。

④将不同类型、不同风格的模板根据类别保存到不同的文件里。

⑤了解各种模板的样式和使用场合，有所筛选，而不要见到一个就保存一个，有很多可能是自己根本用不到的。

⑥也可以使用现有模板来改变当前的文件风格，使其与内容更加符合。

⑦不要单纯通过网络，而要从各种途径获得需要的模板，然后

保存。

⑧记清楚自己保存文件的路径，确保随时能找到合适的模板。

既然我们的工作中不可避免地要用到各种各样的办公模板，而我们也知道存有相应的模板可以节省时间、提高工作效率，那么我们就应该切实地去搜集和保存相关模板。

小小便利贴的强大力量

许多职场新人入职时，公司都会给他们配发笔、笔记本、便利贴。或许笔和本子大家都会多少用一用，但是便利贴估计许多人工作了好多年都几乎没有用过吧！高效的企业又怎么会平白无故给每个员工发放便利贴呢？自然是为了让大家工作的时候更加便利。

现如今，繁杂的工作琐事总能搞得大家神经错乱，白天参加各种会议，晚上要准备工作材料，明天又得去购买点儿什么，再加上突如其来的重要电话或电子邮件等，如果不利用便利贴，肯定很容易忘记。

工作被分配到手之后，将任务写在便利贴上，并贴在显眼的地方。等完成任务后，将这张便利贴撕下，扔进垃圾桶。其实，这是记录工作的最好方法了。这样一来，便利贴的量直接转变为工作任务的量，我们便能对工作有视觉上的直观把握了。

使用 75mm × 25mm 的细长形和 75mm × 50mm 的偏大一点规格的便利贴都可以。简单的事情记在细长形的便利贴上即可，复杂点儿的任务则可以用大一点的便利贴，详细记录工作的内容。在电话中听到任务后，也可以拿大一点儿的便利贴直接当笔记纸用。

通常来说，**便利贴是随时使用、随时丢掉的，非常适合一些突如其来的、计划之外的事务。**那么，如何才能够利用好便利贴，从而让自己的工作更加顺利呢？

①将临时的事情及时地记录在便利贴上。比如，某个时候你跟对方说“那么，我 2 小时后再打电话”，挂断电话后，将这件事写在便利贴上。

②把便利贴贴到随时都能看到的地方，这才是重点。比如，你若是从事案头工作较多，则可以在办公桌上专门为便利贴腾出一个空间，然后集中在此使用便利贴。

③随身携带便利贴，遇到事情随时记录下来。

④给普通记事本贴上便利贴后，它就能摇身一变成为多功能记事本。我们可以更换不同的便利贴，将其变成具有收集、编辑功能的记事本。

⑤其实笔记本电脑的手托部分也很适合贴便利贴。浏览网页时忽然想做笔记了，这时候你可以立刻使用这种方法。如果你正在操作电脑时来了个电话，也能快速地做电话记录。除此之外，贴上便利贴还能隔绝污渍，以免弄脏电脑手托。

⑥可以利用便利贴的颜色来区分具体信息的不同，如绿色的用来记录客户信息，红色的用来记录重要的工作等，这样便于我们区分和运用。

⑦可以给自己或公司制作一个“点子板”，将自己平时的创意、想法及时记录下来，贴在上面，说不定工作中就用得上。

⑧如果你很难习惯使用便利贴，不喜欢将自己的办公桌贴得花花绿绿的，那么也可以使用计算机的便利贴功能，搜索一款合适的便利贴软件一定能让你的工作事半功倍。

在工作中，其实许多小用品都能够提供很好的帮助，只是我们不去应用而已。就像小小的便利贴，每个人都有，但真正用的人却寥寥无几。

几张小小的便利贴，却会为繁忙的工作提供巨大的便捷，从而大大地提升工作效率。那么从现在开始，你是否应该开始使用便利贴了呢？

图书在版编目（CIP）数据

超实用工作法：高效工作技巧 / 马秀云著．—北京：中国法制出版社，2020.4

ISBN 978-7-5216-0847-2

Ⅰ．①超…　Ⅱ．①马…　Ⅲ．①工作方法—通俗读物

Ⅳ．① B026-49

中国版本图书馆 CIP 数据核字（2020）第 023708 号

策划编辑：李　佳（amberlee2014@126.com）

责任编辑：孙璐璐（cindysun321@126.com）　刘冰清　　封面设计：杨泽江

超实用工作法：高效工作技巧

CHAO SHIYONG GONGZUOFA: GAOXIAO GONGZUO JIQIAO

著者 / 马秀云

经销 / 新华书店

印刷 / 三河市国英印务有限公司

开本 / 710 毫米 ×1000 毫米　16 开　　印张 / 13.5　字数 / 144 千

版次 / 2020 年 4 月第 1 版　　2020 年 4 月第 1 次印刷

中国法制出版社出版

书号 ISBN 978-7-5216-0847-2　　定价：45.00 元

北京西单横二条 2 号　邮政编码 100031　　传真：010-66031119

网址：http://www.zgfzs.com　　**编辑部电话：010-66038703**

市场营销部电话：010-66033393　　**邮购部电话：010-66033288**

（如有印装质量问题，请与本社印务部联系调换。电话：010-66032926）